Stichwort

China

Steffen Rink

Originalausgabe

WILHELM HEYNE VERLAG
MÜNCHEN

HEYNE SACHBUCH
Nr. 19/4053

REDAKTION:
Christine Proske

FACHLEKTORAT:
Christian König und Irmgard Enzinger

GRAFIKEN:
Design-Studio Fleischer

KONZEPTION UND REALISATION:
Christine Proske, Bernhard Michalowski
(Ariadne Buchproduktion)

Printed in Germany 1994
Umschlaggestaltung: Kaselow-Design
Herstellung: H+G Lidl, München
Satz: Satz & Repro Grieb, München
Druck und Verarbeitung: Pressedruck, Augsburg

ISBN 3-453-07838-1

Inhalt

I. China auf einen Blick

Verwaltungseinteilung

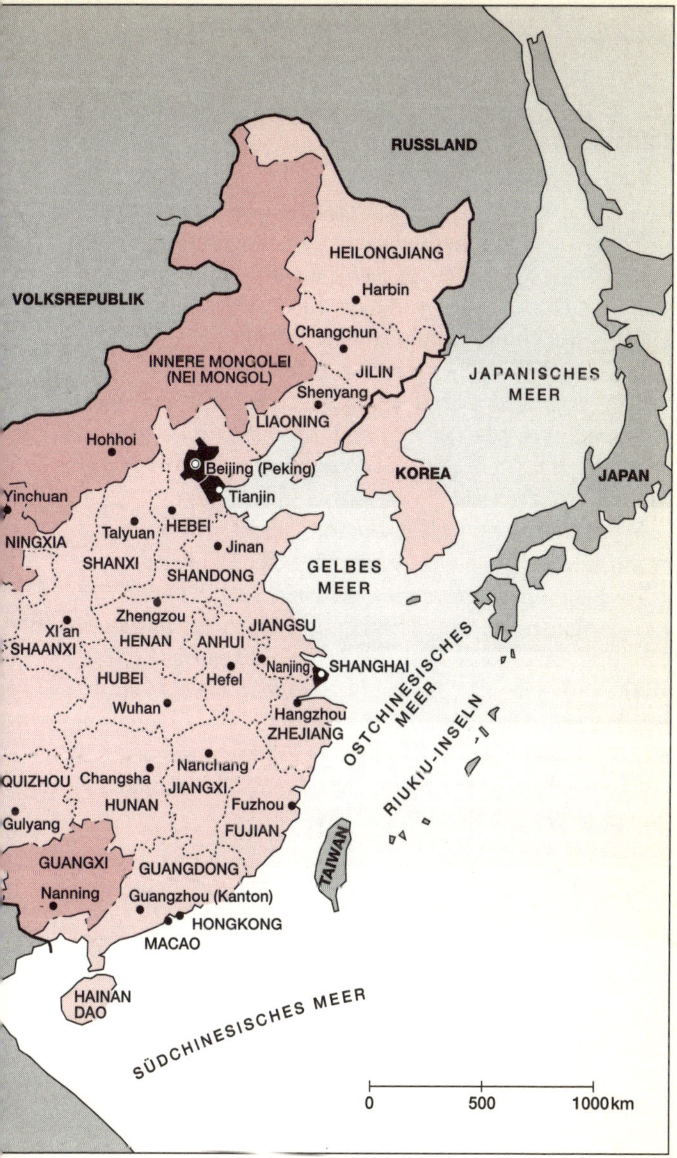
RUSSLAND
HEILONGJIANG
Harbin
VOLKSREPUBLIK
Changchun
INNERE MONGOLEI
(NEI MONGOL)
JILIN
Shenyang
JAPANISCHES
MEER
LIAONING
Hohhoi
Beijing (Peking)
KOREA
JAPAN
Tianjin
Yinchuan
Talyuan
HEBEI
NINGXIA
Jinan
SHANXI
SHANDONG
GELBES
MEER
Zhengzou
JIANGSU
Xi'an
SHAANXI
HENAN
ANHUI
OSTCHINESISCHES
MEER
Nanjing
SHANGHAI
HUBEI
Hefel
Wuhan
Hangzhou
ZHEJIANG
RIUKIU-INSELN
Nanchang
QUIZHOU
Changsha
JIANGXI
HUNAN
Fuzhou
Gulyang
FUJIAN
TAIWAN
GUANGXI
GUANGDONG
Nanning
Guangzhou (Kanton)
HONGKONG
MACAO
HAINAN
DAO
SÜDCHINESISCHES MEER
0
500
1000 km

II. Landeskunde

Der Name China leitet sich von dem indischen Begriff Cîna ab. Dieser steht in der Übersetzung für das Herrschaftsgebiet der Qin-Dynastie, mit der Nordindien schon im vierten und dritten vorchristlichen Jahrhundert Handelsbeziehungen unterhielt. Die Qin-Dynastie vereinigte ab dem Jahr 211 v. Chr. erstmals die bis dahin existierenden Staaten. Mit ihr wurde die Idee eines einheitlichen Reiches auf chinesischem Boden begründet.

Die Eigenbezeichnung *Zhongguo*, Reich der Mitte, drückt hingegen das Selbstverständnis der jeweiligen Herrscher aus. Man nahm an, das Land befinde sich »in der Mitte unter dem Himmel«, umgeben von barbarischen Völkern.

Wenn man vom heutigen China spricht, verbindet man damit in der Regel das Gebiet und das Staatswesen der 1949 ausgerufenen kommunistischen *Volksrepublik China* (Zonghua Renmin Gongheguo). Doch die in diesem Jahr geflohene Regierung der Militärdiktatur unter Jiang Jieshi gründete in Taiwan die *Republik China*, die bis heute ihren Anspruch auf das Gebiet der Volksrepublik aufrechterhält. Im folgenden bezeichnet der Begriff China das historische China und die Volksrepublik, Taiwan dagegen die Republik China.

1. Geographie und Klima

Das heutige China umfaßt ein Territorium von 9.572.900 Quadratkilometern, das beinahe genauso groß ist wie Europa. Im Westen wird das Land durch das Pamir-Gebirge, im Südwesten durch den Himalaya und im Süden durch das Yunnan-Plateau begrenzt. Nördlich des Himalaja bildet die Tibetische Hochebene, durchschnittlich mehr als 3.000 Meter über dem Meeresspiegel gelegen, eine unwirtliche Zone, der sich das wüstenartige Tarimbecken anschließt. Die nordöstliche Grenze zu den ehemaligen Sowjetrepubliken Kirgisistan und Kaschastan befindet sich ebenfalls in einer Gebirgslandschaft mit bis zu 7.000 Meter hohen Bergen. Die lange Nordgrenze zur Mongolei verläuft zu großen Teilen durch die Wüste Gobi, die dann in das Mandschurische Bergland übergeht.

Das chinesische Kernland umfaßt das Gebiet südlich der Mandschurei und der inneren Mongolei sowie die östlich des tibetischen Hochlands gelegenen Gegenden. Hier liegt die fruchtbare Große Ebene, die im Nordwesten und Süden von Bergland umschlossen ist.

Zwei große Flüsse durchziehen China in West-Ost-Richtung, die beide ihr Quellgebiet im tibetischen Hochland haben. Der Huang He (»Gelber Fluß«, Länge 5.464 Kilometer) ist das schlammreichste Gewässer der Erde. Er mündet in der Provinz Shandong in den Golf von Bohai. Der Chang Jiang (Länge 6.300 Kilometer) bildet als größter Fluß Asiens die natürliche Grenze zwischen Nord- und Südchina.

Entsprechend der Größe des Landes herrschen in China auch unterschiedlichste klimatische Bedingungen. Typisch für den Westen und Norden, also die tibetische Hochebene, das Tarimbecken und die südlichen Ausläufer der Wüste Gobi, ist das trockene, kalte Hochlandklima. Die jährlichen Niederschlagsmengen liegen hier unter 500 Millimeter im Jahr, im Tarimbecken sogar unter 100 Millimeter. Im Kernland nehmen die Niederschlagsmengen von Norden nach Süden hin zu. So beträgt der Jahresdurchschnitt in der Hauptstadt Beijing 632 Millimeter, in Shanghai 1.128 Millimeter und in Guangzhou 1.615 Millimeter. Zum Vergleich: In Deutschland fällt eine Niederschlagsmenge von durchschnittlich 600 bis 800 Millimeter. Im Norden Chinas herrscht ein winterkaltes, im Süden wintermildes, im südlichen Küstenbereich auch tropisches Klima. Weil der Regen jedoch vornehmlich im Sommer niedergeht, wechseln sich trockene und feuchte Perioden ab. So kommt es sowohl zu Dürrezeiten als auch zu Überschwemmungen.

2. Bevölkerung

Mit ca. 1,15 Milliarden Menschen ist China das bevölkerungsreichste Land der Erde, sein Anteil an der Weltbevölkerung beträgt 22 Prozent. Die durchschnittliche Lebenserwartung liegt bei 69 Jahren.

92 Prozent der Einwohner Chinas gehören der größten ethnischen Bevölkerungsgruppe, den Han-Chinesen, an. Den Rest bilden 55 Völker, die vor allem im Süden und im Westen leben. Grundlage für die seit Jahren propagierte, allgemeingültige Umgangssprache (putong hua) ist das Beifang, ein Dialekt, der von der überwiegenden Zahl der Chinesen gesprochen wird. Daneben existieren sieben

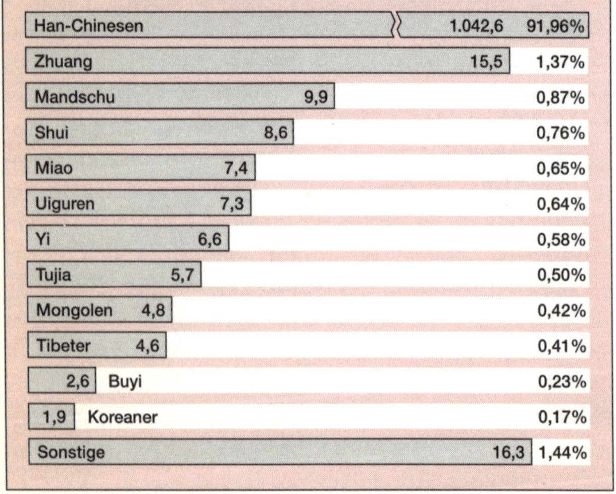

Die wichtigsten ethnischen Gruppen in China
(Stand: Volkszählung von 1990 in Mio.)

Umschrift und Namen

Pinyin ist eine streng phonetische Umschrift. Die wichtigsten Abweichungen zum Deutschen:

c	wie z (Zange)	ch	wie tsch (Peitsche)
h	wie ch (Dach)	j	wie dj (Landjunker)
q	wie tj (Matjes)	r	ist ein Laut zwischen (engl.) r und (frz.) j (journal)
sh	wie sch (Schule)		
v	wie w (Wasser)		
w	wie engl. w (water)	x	wie ch (ich)
y	wie j (Junge)	z	wie ds (Landser)
zh	wie dsch oder (engl.) j (Joe)	qu	wie tjü
		un	wie ün

Beim Schreiben der Personennamen steht im Chinesischen der Familienname vor dem Vornamen. Die chinesischen Kaiser kennen wir in der Regel unter dem Namen ihrer Regierungsdevise oder unter ihrem nachträglich zugewiesenen Memorialnamen.
Folgende im Buch verwendete Namen sind heute allgemein noch unter einer alten Umschrift bekannt:

Beijing	Peking
Chang Jiang	Yangtze
Dao Dejing	Tao Te-king
Guangzhou	Kanton
Huang He	Hoangho
Jiang Jieshi	Tschiang Kai-shek
Luoyang	Loyang
Mao Zedong	Mao Tse-Tung
Qin	Ch'in
Sun Yixian	Sun Yat-sen
Xi'an	Sian
Xinjiang	Sinkiang
Zhou Enlai	Tschou En-lai

weitere Dialekte, so z. B. das Kantonesische, das im Süden und auch in Hongkong verbreitet ist. Die Sprachen der Minderheiten zählen nicht zur chinesischen Sprachfamilie.

Während die Dialekte so unterschiedlich klingen, daß sich Nord- und Südchinesen nicht verstehen, besitzen die Schriftzeichen im ganzen Land dieselbe Bedeutung. Die ca. 30.000 bis 40.000 verschiedenen Zeichen bestanden in ihrem Ursprung aus Bildern und Symbolen und wurden im Laufe der Jahrhunderte ergänzt. Die Volksrepublik setzte eine radikale Vereinfachung der Schrift durch (sog. Kurzzeichen). Trotz intensiver Bemühungen der Regierung lag der Anteil der Analphabeten nach offiziellen Angaben im Jahr 1990 bei rund 182 Millionen Menschen, also bei 22,3 Prozent der Bevölkerung. Aufgeschlüsselt nach der Gesellschaftszugehörigkeit zeigte sich, daß die Frauen mit 32 Prozent einen weitaus niedrigeren Bildungsstand besitzen als die Männer mit 13 Prozent. Die Zahlen der UNESCO lagen für das gleiche Jahr bei 26,7 Prozent.

Für die Übertragung des Chinesischen in lateinische Schriftzeichen führte die Regierung 1979 die Pinyin-Umschrift ein, die sich allmählich auch international durchsetzt. Bis dahin gebräuchliche Umschriftsysteme und Namen löst dieses System nun nach und nach ab. Im heutigen Sprachgebrauch existiert ein Nebeneinander von Pinyin- und anderen Umschriften. Der vorliegende Text verwendet die Pinyin-Umschrift.

3. Landwirtschaft und Bodenschätze

Abgesehen von Jahren mit außerordentlich schlechten Ernten ist China in der Lage, seine Bevölkerung selbst zu ernähren. Dabei werden nur etwa zehn Prozent der vorhandenen Fläche landwirtschaftlich genutzt, von der wiederum die Hälfte künstlich bewässert werden muß. Von der Produktion macht der Ackerbau 57 Prozent aus, etwas mehr als ein Viertel erwirtschaftet die Viehhaltung. Wichtigste Getreideart bildet der Reis, der vor allem in Südchina angepflanzt wird. Hier ermöglicht das Klima bis zu drei Ernten pro Jahr, allerdings unter ungünstigen Anbaubedingungen, denn die Berglandschaft zwingt zu arbeitsintensivem Terrassenanbau. Zwei Erträge im Jahr sind noch auf der Höhe des Chang Jiang, der Reiskammer Chinas, möglich. Mit 184 Millionen Tonnen erzeugt China über ein Drittel der Weltproduktion und ist zugleich größtes Reisanbauland. Beim Weizen, von dem 1991 insgesamt 96 Millionen Tonnen produziert wurden, liegt China an zweiter Position der Welterzeugerländer. Dieser wird vor allem in Nordchina angebaut. Weitere landwirtschaftliche Erzeugnisse sind Mais (1991: 98,8 Millionen Tonnen), Kartoffeln, Baumwolle, Zuckerrohr und Zuckerrüben. Tee, bis Ende des 19. Jahrhunderts Hauptexportgut, besitzt heute nur noch eine untergeordnete Bedeutung. Sein Hauptanbaugebiet liegt in den südlichen Provinzen Guangxi, Guangdong und Fujian.

Auf den Nutzflächen, die nicht für den Ackerbau geeignet sind, werden vor allem Schafe und Rinder gehalten. Südchina betreibt vermehrt auch Schweine- und Geflügelzucht.

China verfügt über reichhaltige Vorkommen an Bodenschätzen. Mit einer Förderleistung von 1,1 Milliarden Tonnen (1990) ist es das größte Kohleförderland der Erde. Den größten Anteil des »schwarzen Goldes« verwendet die Schwerindustrie, rund ein Viertel die Stromerzeugung. Zentren der Kohleförderung sind das »Rote Bekken« in der Provinz Sichuan, die Provinz Shaanxi und die Mandschurei. An weltweit fünfter Stelle steht die Erdölförderung von etwas über 140 Millionen Tonnen. Die derzeit erschlossenen Ölfelder haben ihren Ertragshöhepunkt zwar überschritten, doch wurden im Tarimbecken weitere große Reserven entdeckt. Die Fundstellen von

Erdgas liegen vor allem in der Provinz Sichuan und nahe der Insel Hainan. Von diesem Energieträger förderte China 1991 nur 15,53 Milliarden Kubikmeter. Diese Menge soll jedoch bis zum Jahr 2000 auf ca. 40 Milliarden Kubikmeter gesteigert werden.

An Mineralien baut die Volksrepublik neben Eisenerz, Zinn und Wolfram auch Mangan, Kupfer, Blei, Zink, Nickel, Gold, Silber und Bauxit ab.

III. Geschichte

Erste Siedlungsfunde aus Höhlen in der Nähe von Beijing weisen das Alter von 500.000 Jahren auf. Entdeckt wurden neben Werkzeugen auch menschliche Überreste, der *Sinanthropus pekinensis* (Peking-Mensch). Weitere Funde aus den nachfolgenden Jahrtausenden lassen auf eine kontinuierliche Besiedlung des nördlichen und östlichen Chinas schließen. Ist dieser Teil des Landes relativ gut erforscht, liegen über Siedlungsgebiete im Süden noch kaum Erkenntnisse vor. In der Provinz Yunnan entdeckte man Überreste eines Affenmenschen, dessen Alter auf bis zu 1,7 Millionen Jahre geschätzt wird. Noch gibt es keine Antwort auf die Frage nach dem Übergang der frühen menschlichen Kulturformen in Nordchina zur ersten Dynastie, den Xia. Archäologische Funde belegen eine Herrschaftsform, von der auch die chinesischen Mythen erzählen. An der Spitze stand ein Familienverband, dessen Oberhaupt auch priesterliche Funktionen übernahm.

1. Von den Anfängen bis zum Ende der Qin-Dynastie (1600 v. Chr. – 206 v. Chr.)

Der Beginn der Shang-Dynastie und damit der eigentlichen Geschichte Chinas wird um das Jahr 1600 v. Chr. angenommen. Beschriftete (eingeritzte) Orakelknochen überliefern die Namen von 28 Königen. Das Staatswesen der Shang-Dynastie erstreckte sich über das westliche Shandong, das südliche Hebei, das westliche Henan und das nördliche Anhui. Die Hauptstadt wurde insgesamt sechsmal verlegt. Die letzte Hauptstadt Yin, nahe der heutigen Stadt Anyang, bildete ab dem 14. Jahrhundert v. Chr. die ständige Residenz der Dynastie. Hier vorgenommene Ausgrabungen vermitteln die wesentlichen Kenntnisse über die Shang-Kultur.

Mit der Shang-Dynastie beginnt zugleich die Bronzezeit. Es finden sich zahlreiche, hochentwickelte Gerätschaften, Kultgegenstände und Waffen. Ökonomische Basis der Kultur stellte der Ackerbau dar. Die für damals nachweisbare Pflanzung von Reis setzt ein ausgebautes Bewässerungssystem voraus.

Ein souverän herrschender König stand dem Staat vor, dessen Verwaltung die königliche Familie ausführte. Der Königstitel selber vererbte sich an den Bruder. In den einzelnen Staatsgebieten regierten in der Regel Mitglieder des königlichen Clans, seltener auch andere Familien. Dies bildet die erste Form des in der späteren Entwicklung Chinas so wichtigen Lehenswesens. Die Aufgaben des Königs bestanden in der militärischen Sicherung des Reiches und in der Ausführung der wichtigsten Opfer und Rituale. Neben der Vorstellung, daß Geister und Dämonen Berge, Flüsse oder auch Häuser bewohnen und in ihrem Machtbereich Glück oder Unglück bringen können, glaubte man, daß die Menschen nach ihrem Tode weiterleben. Als Gottheiten übten die Ahnen (di) Einfluß auf das Wohlergehen der Menschen aus, wobei sich um das Königshaus ein besonders intensiver Kult entwickelte. Die verstorbenen Könige standen in der Ahnenreihe der obersten Gottheit (shangdi) und garantierten die politische Stabilität sowie die Ordnung der Naturgewalten. Zahlreiche Opferzeremonien und Rituale dienten dazu, shangdi und die königlichen Vorfahren wohlgesonnen zu stimmen. Zum gleichen Zweck führte der Kaiser auch Opfer für andere wichtige Gottheiten aus, so zum Beispiel für die Herren der vier Himmelsrichtungen oder den Gott des Gelben Flusses.

Neben der Besänftigung der Gottheiten bestand die wichtigste Aufgabe der Staatsführung in der richtigen Deutung der Orakel. Die Vorhersagen bezogen sich auf alle nur erdenklichen Bereiche der Staatsführung und des Alltagslebens. Dafür präparierte man Knochen oder Schildkrötenpanzer und setzte sie dem Feuer aus. Die sich ergebenden Veränderungen wurden vom König und den ihn umgebenden Spezialisten gedeutet. Nachträglich brachte man dann auf den Knochen Kommentare an, um Vergleichsmöglichkeiten für spätere Orakel zu besitzen. In Form dieser Orakelknochen blieben der Nachwelt die ersten Schriftzeichen und die ersten geschichtlichen Aufzeichnungen erhalten.

Der Königshof bildete nicht nur das politische und religiöse, sondern auch das wirtschaftliche Zentrum der Shang-Dynastie. Hier konzentrierten sich der Handel und das Handwerk. Die Gesellschaft der Hauptstadt gliederte sich in den Adel, bestehend aus den Mitgliedern der königlichen Familie, aus der man zugleich die Krieger rekrutierte, in die Priester, in erster Linie Orakelspezialisten und Schamanen, die Handwerker und Händler sowie in die Bauern, die in der Stadt ansässig waren.

Um 1025 v. Chr. wurde die Shang-Herrschaft von den Zhou, einem westlich gelegenen Vasallenstaat, beendet. Die Vertreibung der Shang rechtfertige man mit ihrem moralischen Verfall und einer unglücklichen Staatsführung. Zur Zeit dieses Umsturzes litt die Bevölkerung der Shang bereits seit längerem unter der Tyrannei ihres Herrschers. Hier taucht zum ersten Mal das Argument auf, das auch bei allen nachfolgenden Revolutionen verwendet wurde: Das Himmlische Mandat sei der königlichen Familie entzogen worden und auf den neuen Herrscher übergegangen. Seit der Zhou-Dynastie trug der König den Titel »Sohn des Himmels« (tianzi).

In den ersten Jahrhunderten der neuen Zhou-Dynastie erfolgte eine vor allem nach Süden gerichtete Ausweitung des Reiches. Nach dem schon aus der Shang-Zeit bekannten Lehensprinzip teilten die neuen Herrscher die eroberten Gebiete unter der königlichen Familie auf. Wegen

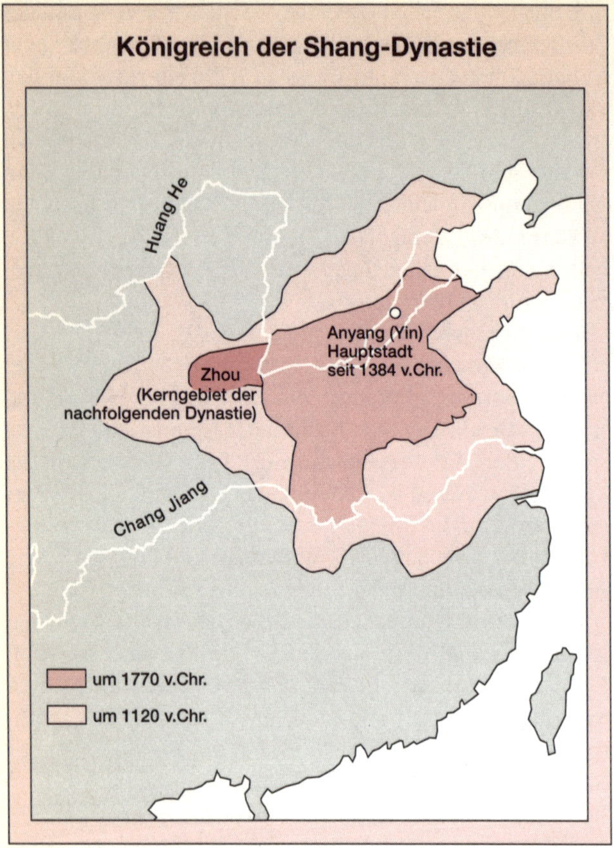

Angriffen nördlicher Völker mußten die Zhou-Herrscher im Jahr 771 v. Chr. nach Osten ausweichen (daher der Name östliche Zhou). Luoyang wurde das neue Zentrum einer angeschlagenen Dynastie, die sich zunehmend von erstarkenden Lehensstaaten umgeben sah. Diese befanden sich zwar noch formal in direkter Abhängigkeit von der königlichen Macht, hatten sich de facto aber zu selbständigen Fürstentümern gewandelt, die wie die Zentral-

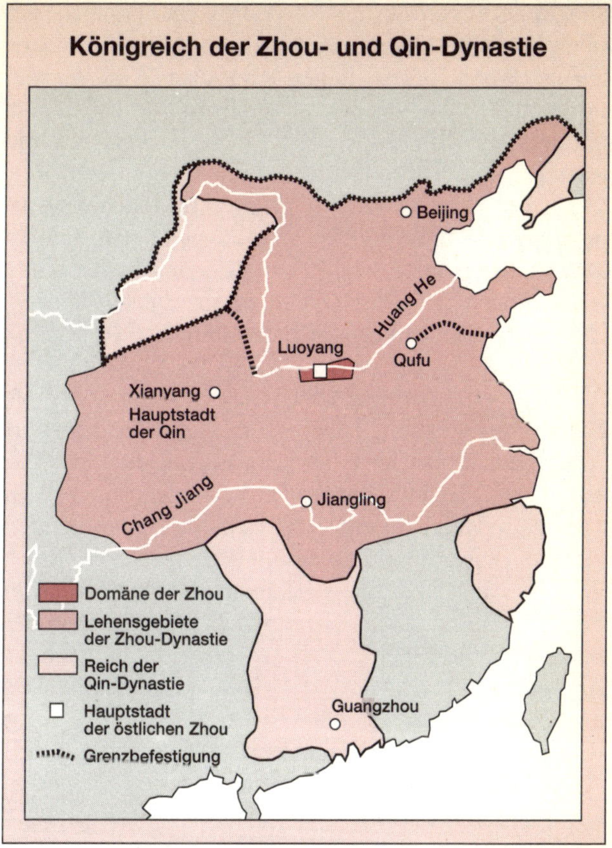

macht organisiert waren. Dadurch änderte sich die Funktion des Königshauses. Der ursprünglich absolutistische Herrscher besaß jetzt nur noch die Aufgaben eines obersten Priesters und des ausgleichenden Schiedsrichters zwischen den einzelnen Fürstentümern. Die Macht des Zhou-Königs beschränkte sich auf das ihn umgebende Territorium.

Durch unterschiedlichste Allianzen der Fürstentümer

und Annektionen kleinerer Lehensgebiete bildeten sich schließlich im 5. Jahrhundert v. Chr. sieben Großstaaten heraus. Wegen der ständigen Rivalitäten wird die nun folgende Zeit, beginnend mit dem Jahr 453 v. Chr., als Periode der »Streitenden Reiche« bezeichnet, die die Eroberung durch die Heere von König Zheng, seit 246 v. Chr. Herrscher des östlich gelegenen Qin-Reiches, beendete. Mit der Annektion des im heutigen Shandong gelegenen Fürstentums der Qi 221 v. Chr. waren erstmals alle auf die Shang- und Zhou-Dynastien zurückgehenden Reiche und damit alles, was »unter dem Himmel« ist, vereint.

Das Reich der Qin

Die Legalistenschule, nach der die Autorität des Herrschers auf allgemeinen Gesetzen beruht, die auch von Verwandtschaftsbeziehungen nicht umgangen werden konnten, erlangte im vierten vorchristlichen Jahrhundert bestimmenden Einfluß auf das im Westen gelegene Reich der Qin. Die unentwegten militärischen Operationen der Fürsten förderten zahlreiche Entwicklungen auf dem Gebiet der Waffentechnik, doch genügte es nicht mehr, die Kriegsführung allein der Adelsklasse zu überlassen. Den an den praktischen Problemen orientierten Legalisten gelang es am besten, die Landwirtschaft zu fördern, eine Vorratswirtschaft für die ausgedehnten Kriegszüge anzulegen und große, schlagkräftige Heere, die vornehmlich aus Bauern bestanden, zu bilden. Dadurch konnte sich die Zentralmacht zugleich von der Vormundschaft des Adels befreien. Unter dem Legalisten Shang Yang (ca. 390–338 v. Chr.) erfolgte eine neue Landverteilung, die die Macht des Adels endgültig zurückdrängen konnte, sowie die Einrichtung von Präfekturen und Verwaltungskreisen, die kaisertreue Beamte leiteten.

Nach dem Sieg über das Reich der Qi im Jahr 221 v. Chr. dehnte König Zheng von Qin, der sich nun Qin Shi Huangdi (Erster gottgleicher Herrscher von Qin) nannte,

Terrakotta-Armee

1974 machten Bauern in einem Grabhügel nördlich der heutigen Stadt Xi'an eine Entdeckung, die als achtes Weltwunder in die Geschichte einging.
Kaiser Qin Shi Huangdi ließ für den Fall seines Todes in mehreren Kammern Nachbildungen des Reiches und seines kaiserlichen Hofes anfertigen, um seine irdische Macht auch im Himmel dokumentieren zu können.
Diese prachtvollen Kammern wurden noch übertroffen von der Entdeckung der Terrakotta-Armee. Auf einer Fläche von 20.000 Quadratmetern befindet sich die Nachbildung einer Streitmacht von schätzungsweise 7.000 Soldaten samt Gespannen, aufgestellt in ihrer Schlachtordnung. Die teilweise überlebensgroßen Plastiken aus gebranntem Ton (Terrakotta) haben jeweils individuelle Gesichtszüge und sind reichhaltig bemalt. Bis heute wurden etwa 15 Prozent der Terrakotta-Armee freigelegt.

die Prinzipien des legalistischen, zentral gelenkten Staates auf die eroberten Gebiete aus. Die Verwaltung reorganisierte er nach dem Vorbild des alten Staates Qin. Er entmachtete die Adelsklasse, siedelte sie zum großen Teil um und übertrug ihre politischen Funktionen einer neuen Beamtenklasse. Maße, Gewichte und Spurbreiten von Straßen und Wagen wurden wie zuvor im ursprünglichen Qin-Reich vereinheitlicht, ebenso die Währung und die Schrift.

Der besseren Verteilung der Ressourcen dienten neu angelegte Straßen und Kanäle. Um sich vor Überfällen nördlicher Nomadenstämme zu schützen, erweiterte man die bereits bestehenden Wallanlagen zu durchgehenden Mauern. Darüber hinaus setzte Shi Huangdi die Expansion nach Süden fort, so daß er schließlich auch die Gegend um Guangzhou seinem Regierungsgebiet angliedern konnte. In wenigen Jahren hatte Shi Huangdi ein Reich geschaffen, das in seiner Größe und Macht für die folgenden Jahrhunderte Vorbildcharakter haben sollte.

Er verstand sich als direkt durch Tian (den Himmel) legitimiert. Unter Tian verstand man keine personifizierte Gottfigur, sondern eine kosmische Kraft, aus der alles hervorging und die den gesamten Kosmos repräsentierte. Seinen Machtanspruch demonstrierte Shi Huangdi aber nicht nur durch seine Göttlichkeit und die Reform der Staatsverwaltung. Sein Vorgehen gegen Kritiker war berüchtigt: Er verhängte nicht nur harte Strafen und Hinrichtungen, sondern ordnete auch im Jahr 213 v. Chr. die erste Bücherverbrennung der Geschichte an, von der nur Orakelbücher, medizinische und landwirtschaftliche Abhandlungen verschont blieben und der ein Verbot dieser Schriften vorausgegangen war.

2. Reformbewegungen in der Periode der »Streitenden Reiche«

Zur Zeit der östlichen Zhou und der Periode der »Streitenden Reiche« entwickelten sich zahlreiche Reformbewegungen, die meist auf Wanderlehrer zurückgingen. Ihr Ziel bestand darin, die Zerrissenheit der Fürstentümer durch eine Rückbesinnung auf tradierte Werte sowie durch staatliche oder militärische Reformen zu überwinden. Trotz sehr unterschiedlicher Konzeptionen herrschte allgemein die traditionelle Vorstellung, die Aufgabe des Herrschers bestünde darin, aufgrund seines Himmlischen Mandates die Stabilität des Staates zu sichern und das Wohlergehen der Menschen zu fördern.

Am bedeutsamsten für die chinesische Geschichtsschreibung sollte der Konfuzianismus werden. Sein Begründer, Kong Fuzi (lateinisiert: *Konfuzius*) sah in der alten Zhou-Dynastie ein positives historisches Modell. Zur Wiederherstellung sei die strenge Beachtung der Riten (li) notwendig, die Konfuzius als universale Verhaltensregeln verstand: Selbstbeherrschung, Ehrerbietung, Höflichkeit gegenüber anderen und Vermeidung unkultivierten Benehmens. Die Fünf Beziehungen (wu lun) gal-

Konfuzius

Konfuzius wurde im Jahr 551 v. Chr. als Sohn einer verarmten Adelsfamilie in der Nähe von Qufu, der Hauptstadt des in der heutigen Provinz Shandong gelegenen Lu-Reiches, geboren. Schon früh interessierte er sich für die traditionellen Riten und Gebräuche und gründete bald seine eigene Schule. 517 v. Chr. kam er nach Luoyang und studierte dort das vorhandene religiöse Quellenmaterial, die Bräuche und die Musik. Nach einigen Jahren kehrte Konfuzius in seine Heimat zurück. Das Leben dort kennzeichneten Intrigen und die Machtkämpfe einzelner Familien. Die Aufforderung, als Berater der wechselnden Oberhäupter des Lu-Reiches zu fungieren, lehnte er lange Zeit ab, da er nicht von der Tugendhaftigkeit der Mächtigen überzeugt war. Erst 500 v. Chr. nahm er ein öffentliches Amt an, das er so erfolgreich führte, daß er schließlich zum Justizminister ernannt wurde.
Intrigen und die Vernachlässigung der Staatsgeschäfte am Hof der Lu-Dynastie veranlaßten Konfuzius im Jahr 496 v. Chr., sich erneut auf die Wanderschaft zu begeben, bei der er von einer beträchtlichen Schülerzahl begleitet wurde. Die Hoffnung, einen Fürsten zu finden, den er in der Staatsführung beraten konnte, erfüllte sich nicht mehr. 483 v. Chr. kehrte er in seine Heimat zurück, wo er 479 v. Chr. als geachteter, aber einflußloser Gelehrter starb.

Daoismus

Auch der Daoismus beinhaltete, obwohl er seine Konzeption vornehmlich aus religiösen Quellen abgeleitet hat, politische Komponenten. Durch Nicht-Tun (wu wei) will das Dao wirksam werden, das gemäß der Tradition als kosmische Kraft der Wandlung verstanden wurde, die Ausdruck der Harmonie von Yin und Yang ist. Menschliche Aktivität verhindere die Durchsetzung des harmonischen Prinzips. Kontemplation sowie religiöse und magische Techniken wie Atemübungen, Askese, Gymnastik etc. sollen zu einem Gefühl des Einklangs mit dem Dao und zur Stärkung der Lebenskräfte beitragen. Um dies zu unterstützen, suchten die Daoisten beispielsweise auch nach einem Lebenselexier. Nicht-Tun, verstanden als Handlungen, die nicht als solche, sondern als Wirkung des Dao wahrgenommen werden, seien geeignet, Abweichungen vom Dao zu vermeiden und galten damit als Vorbild für die Staatsführung. Der ritualisierten Moral und den festgelegten Opferzeremonien stellten die Daoisten das autonome, selbstbeherrschte, freie und natürliche Leben entgegen.

Als bekanntester Vertreter des Daoismus gilt Laozi, der nach der traditionellen Überlieferung von 604 bis 511 v. Chr. gelebt haben soll und dessen Dao Dejing, das Buch vom Dao und seinem Wirken«, heute noch bekannt ist. Vermutlich ist das Dao Dejing aber erst zu Lebzeiten des bedeutenden Daoisten Zhuang Zhou (um 370–300 v. Chr.) entstanden, der in seinem Werk Zhuangzi auf Laozi bezug nimmt, indem er ihn als Widerpart zu Konfuzius auftreten läßt. Das Zhuangzi enthält ähnlich dem Dao Dejing Lehrfabeln, kurze Geschichten und Gespräche, in denen es einerauf überlieferte religiöse Praktiken zurückgreift, andererseits aber die Lehre formuliert, daß die unmittelbare und universelle Erkenntnis des Dao nur durch vollkommene innere Ruhe und Leidenschaftslosigkeit erlangt werden kann. Selbst Worte der Weisen verformen nach dieser Weltsicht die Erkenntnis, indem sie die Schüler beeinflussen.

ten als Grundlage des sozialen Lebens. Verhältnis von Herrscher und Untertan, Vater und Sohn, Mann und Frau, älterem und jüngerem Bruder sollten auf der Basis von Pietät und Loyalität gestaltet werden.

Seinen Ausdruck fand diese praxisbezogene Morallehre in der Person des Edlen (junzi), der sein ganzes Leben lang bemüht sein müsse, durch das Studium der alten Quellen und die Beachtung der Riten nach seiner Vervollkommnung zu streben. Der junzi galt gleichermaßen als Vorbild für den König oder Fürsten, der das Volk durch die Kraft seines tugendhaften Wesens leitete, sowie für den dienenden Beamten, der die Macht seines Herrn vor dem Volk repräsentierte.

Mengzi (lateinisiert: Menzius, 372–289 v. Chr.), der bedeutendste Schüler des Konfuzius, nahm die Grundelemente seines Meisters auf und erweiterte sie zu einer allgemeinen Morallehre, die nicht mehr nur für die Herrschenden gelten sollte. Menzius betonte seine Überzeugung, daß alle Menschen von Natur aus die Anlagen zum junzi besitzen, die durch Erziehung und Studium entfaltet werden könnten.

Auf Konfuzius und Menzius gehen die klassischen Schriften des Konfuzianismus zurück, die aus Aufzeichnungen überlieferter Bräuche, geschichtlichen Darstellungen, Sammlungen von Liedern sowie Lehrreden des Konfuzius und Menzius bestehen.

Dic Legalisten bildeten die dritte große Reformbewegung dieser Epoche. Sie suchten die Staatsmacht zu stärken, indem sie forderten, die politischen und sozialen Institutionen der alleinigen Macht des absoluten Herrschers zu unterstellen. Die Souveränität der Zentralmacht sollte in genau definierten Gesetzen ausgedrückt werden, die alleinige Grundlage für das Handeln der Beamten sein müßten. Die soziale Hierarchie würde sich so nicht auf Verwandtschaftsbeziehungen oder moralische Qualitäten gründen, sondern allein auf Gesetzestreue. Die personelle Besetzung der staatlichen Einrichtungen erfuhr damit eine ständige Erneuerung.

Als Quelle der Rechtsetzung fungierte in diesem System der König, legitimiert durch sein Himmlisches Mandat. Das bedeutete, daß der Souverän nicht willkürlich handeln durfte, sondern um das Wohl des Staates und des Volkes bemüht sein mußte. Durch seine Rechtsetzung repräsentierte er die kosmische Ordnung – nicht, indem er mit Einzelentscheidungen in die Staatsführung eingriff, sondern durch die Schaffung von Normen, die die Gesamtheit der Ordnung verkörpern sollten.

Neben diesen Bewegungen existierten zahlreiche weitere Schulen, die meist auf Bedienstete an den Fürstenhöfen oder Wanderlehrer zurückgingen und die, je nachdem, stärker religiös oder politisch orientierte Inhalte verbreiteten.

3. Von der Han-Dynastie bis zur Qing-Dynastie (206 v. Chr. – 1911 n. Chr.)

Den chinesischen Geschichtsschreibern erschien die Qin-Dynastie trotz der Einigung des Reiches und ihrer militärischen Erfolge als dunkle Epoche der Geschichte. Dies erklärt sich aus der extremen Tyrannei der Qin-Kaiser, der Abschaffung der alten Ordnung und nicht zuletzt aus der Bücherverbrennung. Der waren unter anderem auch konfuzianische Schriften zum Opfer gefallen, also Werke, deren Philosophie nachfolgende Dynastien schon bald zur tragenden Säule ihrer Herrschaft erhoben.

Die Han-Dynastie (202 v. Chr.–220 n. Chr.)

Nach dem Tod Shi Huangdis (210 v. Chr.) brachen überall im Land Aufstände aus. Rasch avancierte der im Verlauf der Kämpfe zum Fürsten von Han aufgestiegene ehemalige Beamte Liu Bang zum Führer einer beträchtlichen Schar von Rebellen. 207 v. Chr. ermordete ein Angehöriger des Hofes den Zweiten Kaiser von Qin, Er Shi Huang-di. Die vernichtende Niederlage der kaiserlichen Armeen ein Jahr später besiegelten das Ende der Qin-Dynastie. In dem darauffolgenden Bürgerkrieg behielt Liu Bang die Oberhand, der 202 v. Chr. seinen Widersacher Xiang Yu ausschaltete und sich im gleichen Jahr zum Kaiser der Han ausrufen ließ.

Obwohl Liu Bang, der jetzt als Kaiser unter dem Namen Gaozu regierte, seine ehemaligen Mitstreiter mit Lehen versorgte und damit äußerlich an eine Tradition anschloß, die dem früherer Dynastien ähnlich scheint, erfolgte kein radikaler Bruch mit den legalistischen Prinzipien des Qin-Reiches. Durch kaiserliche Kommissäre, Bevölkerungsumsiedlungen, durch Kopfsteuern, Frondienste und ähnliche Maßnahmen versuchte man, die Zentralgewalt und Kontrolle durch den kaiserlichen Hof aufrechtzuerhalten. Erst allmählich kam es zu einer Lockerung der übernommenen strengen Qin-Gesetzgebung und zur Einführung des Konfuzianismus als tragende Staatsphilosophie, mit dem der Fortbestand der legalistischen Institutionen eine neue Legitimation erhielt.

Nach erfolgter innerer Konsolidierung des Han-Reiches setzten die auf Gaozu (gest. 195 v. Chr.) folgenden Herrscher zur Expansion an. Diese richtete sich zum einen nach Norden, wo mit der Einigung der Xiongnu, einem Nomadenvolk, ein militärisch ebenbürtiger Gegner erwachsen war. Zum anderen zogen sie nach Westen,

Seidenstraße

Die Seidenstraße bildete bis zur Entwicklung der Seeschiffahrt den einzigen Handelsweg zwischen China und dem Orient. Ihr Name kommt vom anfänglich bevorzugten Handelsgut, der chinesischen Seide, deren Herstellung im Westen nicht bekannt war.
Die Reise über die Seidenstraße gestaltete sich überaus beschwerlich. In den Provinzen Qinghai und Xinjiang führte ihr Weg über trockene Hochländer, dann nördlich bzw. südlich an der Wüste des Tarimbeckens vorbei, über das Pamirgebirge bis nach Syrien. Wegelagerer bedeuteten eine zusätzliche Gefahr.
Die Kontrolle der Seidenstraße lag den chinesischen Herrschern immer besonders am Herzen, da der Fernhandel die heimische Wirtschaft förderte. Umgekehrt versuchten die Völker, die entlang der Seidenstraße lebten, den Handelsweg zu kontrollieren. Sie konnten so Zölle einnehmen und am Reichtum des Fernhandels teilhaben.

um die Handelswege nach Zentralasien und Indien zu sichern, sowie nach Süden, um neue Gebiete zu besiedeln und urbar zu machen. Am Ende dieses Prozesses, der sowohl militärisch als auch mit den Mitteln der Diplomatie erfolgte, stand ein Reich, das das gesamte Nord- und Südchina, Teile des heutigen Vietnams, Korea und die westlichen Regionen bis zum heutigen Xinjiang umfaßte.

Grundelemente der Dynastiengeschichte

Die mit der Qin-Dynastie begonnene und unter den Han fortgesetzte Geschichte der chinesischen Kaiserreiche und Dynastien liest sich bis zu ihrem Ende mit der Abdankung des letzten Kaisers (1911) wie ein Wechselspiel aus Teilungen und Einigungen. Trotzdem lassen sich einige andere Faktoren aufzeigen, die zu den bestimmenden Elementen in der chinesischen Geschichte zählen.

1. Seit der Zeit der Periode der »Streitenden Reiche« existierte die Vorstellung eines den Kulturraum einigenden Staates. An seiner Spitze sollte ein Herrscher stehen, der kraft seines Himmlischen Mandates die kosmische Ordnung auf der Erde garantierte, das heißt, die Harmonie der sozialen Gruppen förderte und das Wohlergehen der Menschen sicherte.
2. Die chinesischen Staaten empfanden sich als Träger einer überlegenen Kultur. Die umliegenden Völker und Stämme galten als Barbaren.
3. Mit der Seßhaftwerdung der im Norden Chinas lebenden Völker und der Entwicklung fremder Staatsgebilde ergab sich eine Bedrohung des eigenen Landes. Durch ihre andere Kultur und den Gebrauch des Pferdes waren diese Völker wesentlich beweglicher und konnten den chinesischen Heeren empfindliche Niederlagen bereiten. Die Möglichkeit der Expansion, der Beutezüge oder Plünderungen stellte eine Gefahr dar, der man nur durch Vernichtung oder durch Abkommen, die in der Regel eine Tributzahlung seitens der chinesischen Staaten beinhaltete, begegnen konnte. Zum Schutz vor Überfällen errichtete man zu allen Zeiten Mauern und Wallanlagen. Die Überreste der heutigen »Großen Mauer« stammen aus der Zeit der Ming-Dynastie. Lebten diese Völker nahe an den Grenzgebieten und unterhielten sie regelmäßigen Kontakt mit den chinesischen Staaten, bestand die Möglichkeit der Sinisierung, also der allmählichen Übernahme der chinesischen Kultur. Dies galt für die sog. sinisierten Reiche der Kitan (zehntes Jahrhundert), der in der östlichen Mandschurei beheimateten, aus einer Jägerkultur hervorgegangenen Dschurdschen (zwölftes Jahrhundert) oder für das Hirtenvolk der Tanguten, die im zehnten

Die chinesischen Dynastien

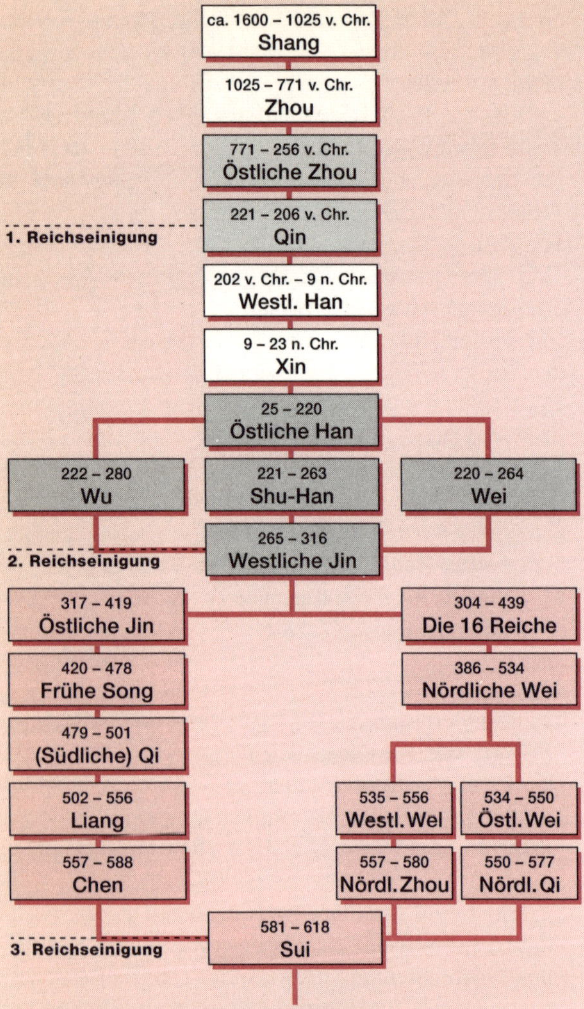

Fortsetzung nächste Seite

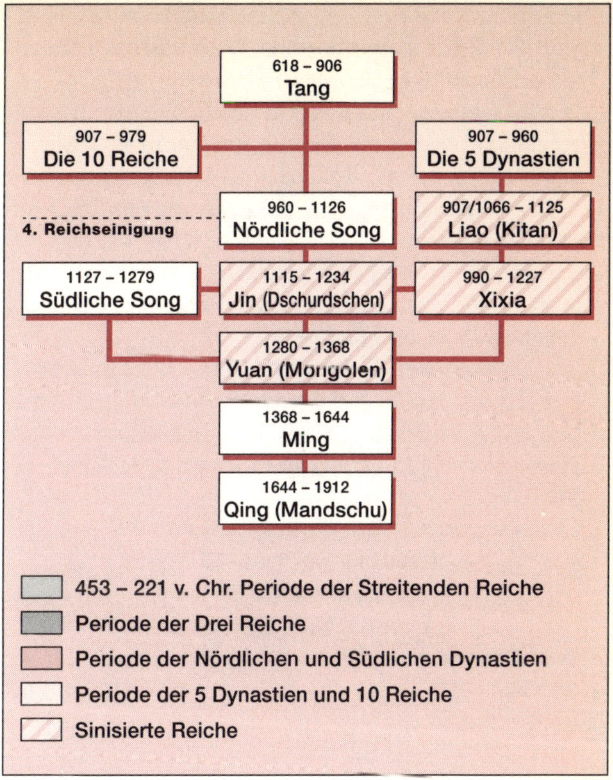

Jahrhundert die Xia-Dynastie begründeten. Andere Völker, wie die Nomadenstämme der Xiongnu, der Turkvölker (Uiguren) oder der Mongolen, bewahrten ihre ursprünglichen Traditionen länger und ließen sich nicht so leicht in den chinesischen Kulturraum einbinden.

4. Zur Sicherung der Nah- und Fernhandelswege bestand die Notwendigkeit zur Expansion bzw. zur Sicherung des Machtbereiches. Der Handel garantierte den Warenaustausch und damit den wirtschaftlichen Aufschwung im Land. Darüber hinaus konnten neu erober-

te Gebiete mit Angehörigen des eigenen Staates besiedelt werden. Die erschlossenen Anbauflächen sicherten die Ernährung der eigenen Bevölkerung.

5. Der Macht des durch den kaiserlichen Hof zentral gelenkten Staates standen die Ansprüche und Befugnisse der lokal herrschenden Adelsklasse und der Großgrundbesitzer entgegen. Die Machtverteilung am Hof selbst prägte die Beamtenschaft, die oftmals gegenüber dem Kaiser oder dem Adel eine kontrollierende Funktion einnahm. Cliquenbildungen führten nicht selten zu Palastrevolten.
6. Soziale Unruhen ergaben sich durch Machtbeschneidungen des Adels und der Großgrundbesitzer, durch hohe Abgabenleistungen und Frondienste sowie durch Hungersnöte infolge von Naturkatastrophen oder militärischen Niederlagen.
7. China war immer den Einflüssen fremder Völker ausgesetzt, die oftmals in die eigene Kultur übernommen wurden. In Krisenzeiten erfolgte jedoch eine Rückbesinnung auf die eigenen traditionellen Werte, die vornehmlich in der konfuzianischen Ethik gesehen wurden.

Die kulturelle Blüte der Tang-Dynastie (618 n. Chr. – 907 n. Chr.)

Das Zusammenspiel dieser Elemente läßt sich am Beispiel der knapp drei Jahrhunderte währenden Herrschaft der Tang-Kaiser verfolgen, die als Blütezeit der chinesischen Geschichte gilt. Aufstände, hervorgerufen durch Frondienste, Sondersteuern und Revolten der 608 n. Chr. bezwungenen Türkvölker bereiteten der Sui-Dynastie, die 581 das Land wieder vereinigt hatten, ein Ende. Der nordchinesische Adlige Li Yuan entschied den Bürgerkrieg für sich und rief 618 die Tang-Dynastie aus. Als Kaiser Gaozu regierte er bis 626, ehe er von seinem Sohn Li Shimin gestürzt wurde, der nun 20 Jahre unter dem

Titel Taizong die Geschicke des Landes bestimmte. In seine Regierungszeit fiel die Reorganisation der Verwaltung. Die seit der Han-Dynastie bekannten Beamtenprüfungen wurden auf alle Verwaltungsebenen ausgeweitet. In der Hauptstadt Chang'an und in der Residenz Luoyang entstanden zwei Universitäten.

Bis zum 8. Jahrhundert erfolgte eine erneute Expansion. 630 wurden die Osttürken unterworfen und das Tarimbecken als Protektorat an China angeschlossen. Mit dem neugegründeten tibetischen Königreich ließen sich diplomatische Beziehungen herstellen. 641 heiratete der König von Tibet eine chinesische Prinzessin. Über Korea konnte 668 die Oberhoheit gewonnen werden, 679 errichtete China ein Militärprotektorat in Nordvietnam. Der Ausbau der Verkehrswege, die Einführung einer aus Vietnam stammenden neuen, widerstandsfähigeren Reissorte und andere neue Techniken in Landwirtschaft und Handwerk erhöhten die Produktivität und führten zu einem enormen wirtschaftlichen Aufschwung.

Die Größe des Reiches und der intensive Handel, den es mit den asiatischen Völkern, Indien und dem islamischen Großreich betrieb, brachte zahlreiche fremde Einflüsse nach China, die die Tang-Herrscher begierig aufnahmen. Zentren der kulturellen Entfaltung bildeten die kaiserlichen Residenzen und die buddhistischen Klöster. Die Ausbreitung nichtchinesischer Religionen wie des Buddhismus, Islams, Christentums und Manichäismus wurde gefördert. Dichtkunst, Musik, Malerei und Philosophie erlebten eine neue Blüte und blieben nicht mehr allein den Adelskreisen vorbehalten. Für die Beamtenprüfungen war das Verfassen von Gedichten sowie die Kenntnis des historisch-philosophischen Klassikerkanons obligatorisch. Eine im 18. Jahrhundert zusammengestellte »Vollständige Sammlung der Tang-Dichter« enthält 48.900 Gedichte von 2.300 Dichtern. Doch auch auf dem Gebiet der Astrologie und Medizin erfolgten große

Buddhismus in China

Besonders der Buddhismus erlebte unter der Tang-Dynastie eine nachhaltige Förderung, die ihn zur damals bedeutendsten Religion in China machte. Der Buddhismus genoß im Volk große Beliebtheit und konnte in seiner Wertigkeit mit dem Daoismus, der zur damaligen Zeit größten religiösen Strömung, gleichziehen. Die buddhistischen Klöster besaßen große Ländereien und erhielten Steuerprivilegien. Kaiserin Wu Zetian, die von 690 bis 705 regierte, war selbst eine fromme Buddhistin. Kaiser Li Longji (Regentschaft 712–756, Titel Xuanzon) unterstützte die aus Indien kommende Religion weiter.

Schon 67 n. Chr. brachten Sendboten des Han-Kaisers Ming Di buddhistische Schriften in das Reich der Mitte. In seiner Lehre stellte sich der Buddhismus wesentlich praxisnäher dar als der Konfuzianismus, der trotz des späteren religiösen Kultes um Konfuzius Staatsphilosophie und Moralkodex blieb, und der Daoismus, der zwar Methoden der Kontemplation und des Einswerdens mit dem Dao vermittelte, die Frage nach dem Warum des Leidens aber nicht beantwortete. Zum Daoismus fanden sich zudem zahlreiche Anknüpfungspunkte. Die Mahayana-Schule des Buddhismus, die in China aufgenommen wurde, hatte die Vorstellung der Buddha-Natur im Menschen und der Identität vom Kreislauf der Wiedergeburten) entwickelt. Demnach besteht die Erleuchtung in der Erkenntnis dieser Einheit, wobei im Mahayana-Buddhismus auch der Laie die Erleuchtung erreichen kann. Darüber hinaus konnten im Mahayana-Buddhismus Bodhisattvas, das sind Menschen, die die Erleuchtung erlangten, aber aus Liebe zu den Menschen auf das Eingehen in das Nirvana verzichte-

und deshalb nach ihrem Tod als Heilige verehrt wurden, um Beistand in schwierigen Lebenslagen angerufen werden. Das kam dem in China verbreiteten Geister- und Dämonenglauben sehr entgegen.
Rasch bildeten sich in China verschiedene buddhistische Schulen aus, von denen die des Chan-Buddhismus – in Japan Zen-Buddhismus genannt – heute im Westen die bedeutendste Strömung darstellt. Tradition und Überlieferung werden als unwichtig angesehen. Durch völlige Konzentration auf die Umwelt und intensive Meditation gelangt man durch ein plötzliches und eigentlich belangloses Ereignis zur Erleuchtung.

Fortschritte. Es erschienen Arzneibücher und Abhandlungen über Diätetik, Werke ausländischer Astronomen wurden übersetzt, Himmelskarten angefertigt und die Beobachtung astronomischer Vorgänge perfektioniert. Man berief zahlreiche ausländische Gelehrte an die kaiserlichen Akademien, ebenso bereisten chinesische Gelehrte das Ausland und brachten ständig neue Erkenntnisse mit in ihre Heimat.

Mitte des 8. Jahrhunderts hatte die Tang-Dynastie jedoch den Zenit ihrer Macht und Größe überschritten. Mit islamischer Unterstützung schlossen sich die Reiche der Osttürken und Tibeter zu einer Front gegen die chinesische Hegemonie zusammen. Deshalb sah sich China gezwungen, das Militär zu stärken. Die Machtfülle der Militärgouverneure wuchs, sie übernahmen die Kontrolle über die Zivilregierung. In wechselnden Koalitionen – so halfen die Tibeter, Osttürken und Uiguren den Aufstand des Militärgouverneurs An Lushan (693–757) niederzuschlagen – gelang es, die Lage zu stabilisieren. Der Preis dafür bestand allerdings in dem Verlust der zentralasiatischen Protektorate und weiteren Zugeständnissen an das Militär.

In Folge dieser Entwicklung kam es zu einschneidenden Veränderungen. Die Niederschlagung der Aufständischen mit Hilfe der Barbaren sahen viele als Demütigung an. Fortan besann man sich wieder verstärkt auf die eigenen Traditionen und verschloß sich fremden Einflüssen. Unter den daraufhin einsetzenden Religionsverfolgungen litten vor allem die Buddhisten. Tausende ihrer Klöster wurden enteignet, Zehntausende von Mönchen in den Laienstand versetzt. Der Zugriff auf den umfangreichen Besitz der Religionsgemeinschaften half gleichzeitig, die maroden Staatsfinanzen zu konsolidieren. Allerdings fiel ein großer Teil der neuen Einnahmen an die lokalen Machthaber, die damit ihre Unabhängigkeit von der Regierung in Chang'an vergrößern konnten.

Die Absetzung des letzten Tang-Kaisers erfolgte nach Bauernrevolten und Rebellionen infolge von Hungersnöten und Machtkämpfen der Militärs, die sich über die gesamte zweite Hälfte des 9. Jahrhunderts hinzogen. Bereits 893 kam es zu ersten Abspaltungen und 907 war die Zeit der Tang-Herrscher endgültig vorbei.

Die Mongolenherrschaft (1271–1368)

Ein Beispiel dafür, wie China zu Zeiten der Fremdherrschaft seinen eigenen kulturellen Charakter bewahrte, stellt die Regierung der Mongolen über China dar. *Dschingis Khan*, ein lokaler Stammesfürst zentralasiatischer Steppennomaden, einigte die verschiedenen Stämme. Nach der Vernichtung der sinisierten Staaten der Xixia- und der Jin-Dynastie (1234) gelang es den Mongolen in mehreren Feldzügen, die sich über vierzig Jahre hinzogen und erst 1279 mit dem Selbstmord des letzten Kaisers der südlichen Song ihren Abschluß fanden, auch Südchina zu erobern. Dschingis Khans Enkel Kublai Khan (1214–1294) proklamierte schon 1271, also vor der endgültigen Niederlage der Song, die Yuan-Dynastie. Yuan bedeutet Uranfang, womit erstmals in der Geschichte

Chinas eine Dynastie nicht mehr nach einem alten Staat, einer Familie oder einer Landschaft benannt wurde.

Die Mongolen selbst verfügten über keine ausgereifte Staatsverwaltung. Deshalb übernahmen die neuen Machthaber sehr bald etliche Einrichtungen der eroberten chinesischen Reiche, so zum Beispiel das Steuersystem, die staatlichen Getreidespeicher oder das Prüfungsverfahren für die Beamtenauswahl. Die 1267 begonnene Verlegung der mongolischen Hauptstadt von Ulan Bator in das 1.500 Kilometer entfernte Beijing ist ein deutliches Zeichen für die rasch einsetzende Assimilierung der ehemaligen Nomaden.

Dschingis Khan

Dschingis Khan, um 1155 oder 1167 geboren und 1227 in den Kämpfen gegen die Xixia gefallen, war einer der bedeutendsten Feldherren und Staatsgründer der Geschichte. Nach der Einigung der mongolischen Stämme schuf er ein Weltreich, das unter seinen Nachfolgern von China bis nach Persien und Rußland reichte. Dschingis Khan bedeutet »ozeanischer Herrscher«. Den Titel Dschingis legte er sich 1206 zu, als er die Macht über die gesamte Mongolei erkämpft hatte. Er selbst, Sohn eines kleineren Stammesfürsten, betrachtete sich fortan als Weltregent. Das von ihm begründete mongolische Reich existierte bis zum 14. Jahrhundert. Die auf Dschingis Khan zurückgeführten Grundlagen des Reiches bestanden in einer Angleichung an die jeweils unterworfene Kultur und in einer praktizierten religiösen Toleranz, ohne dabei die eigenen Machtansprüche zu vernachlässigen. Deshalb gelten Dschingis Khan und seine Nachfolger trotz ihrer oftmals beschriebenen Grausamkeiten auch als Mittler zwischen Ost und West.

Trotzdem mißtrauten die Khane den Chinesen. An der Spitze des Staates standen ausschließlich Angehörige mongolischer Stämme, die den Grundbesitz untereinander aufteilten. Die ehemaligen chinesischen Beamten verloren ihre Stellungen an Nicht-Chinesen. Die Bevölkerung des Nordens bewahrte sich den Status einer Mittelschicht, während die Südchinesen, als »Barbaren« bezeichnet, nahezu alle ihre Rechte einbüßten. So durften sie z. B. keinen Handel treiben, so daß ihnen nur die Landarbeit im Dienste der neuen Grundbesitzer blieb.

Durch das neue Großreich erlebten der Handel und die heimische Produktion wieder einen Aufschwung. Unter den Mongolen wurden ausgedehnte See-Expeditionen unternommen und weitere Fortschritte in den Wissenschaften erzielt. Der venezianische Kaufmann Marco Polo (um 1254–1324), der zeitweise in Kublai Khans Diensten stand, bereiste China zwischen 1271 und 1295. Zurück in Genua wurde er jedoch verhaftet. Im Gefängnis diktierte er einem französischen Mitgefangenen seine Reiseberichte, die lange Zeit die grundlegenden Kenntnisse über Asien vermittelten. Nach dem Urteil des Venezianers war China Europa in allen Gebieten, sei es Handel, Technik, Politik, Kunst oder Wissenschaft, überlegen.

Ab dem 14. Jahrhundert beginnt das Ende der Yuan-Dynastie. Als der Handel infolge der Einführung ungedeckten Papiergeldes zusammenbricht, entstehen soziale Spannungen. Streitigkeiten mongolischer Fürsten verschärfen die politische Lage zusätzlich.

Letztlich gaben Aufstände der unterdrückten Südchinesen den Ausschlag. Unter Zhu Yuanzhang, einem ehemaligen buddhistischen Klosterschüler, den die Bauern und die entmachtete traditionelle Elite unterstützte, konnte die Fremdherrschaft in dreißigjährigen Kämpfen abgeschüttelt werden. 1368 proklamierte Zhu Yuanzhang die Ming-Dynastie, was soviel bedeutet wie die »Helle« oder

»Klare«. Ende des 14. Jahrhunderts floh der letzte Mongolenkaiser aus Beijing. Zur neuen Residenz des absolutistischen Regimes stieg das am Chang Jiang gelegenen Nanjing auf.

Die Qing-Dynastie: Auseinandersetzung mit dem Westen (1644–1911)

In den Bürgerkriegen, die auch das Ende der Ming-Dynastie begleiteten, hatte der kaiserliche General Wu Sangui die Mandschu-Herrscher zu Hilfe gerufen, um die Aufständischen niederzuschlagen. Die Truppen dieser Ende des 14. Jahrhunderts in der Mandschurei errichteten Dynastie, die sich seit 1636 Da Qing (»Große Klare«) oder kurz Qing nannte, besetzten im Jahr 1644 Beijing und leiteten damit die Herrschaft der Mandschu-Kaiser über China ein.

Die verbliebenen Ming-Anhänger zogen sich in den Süden zurück. Nach knapp 20 Jahren hatten die neuen Mandschu-Herrscher aber auch Südchina unter ihre Kontrolle gebracht.

Zur Sicherung gegen äußere Mächte vertrieben sie zunächst die Niederländer aus Formosa, die dort seit 1624 einen Stützpunkt unterhielten. 1683 wurde die Insel dem Reichsgebiet angeschlossen. 1696 folgte die Unterwerfung der Mongolei, 1720 Tibets und 1760 Ost-Turkestans, die heutige Provinz Xinjiang. Nepal, Burma, Siam, Laos und Annam (Vietnam) gerieten zu abhängigen Vasallenstaaten. China erreichte damit die größte Ausdehnung seiner gesamten Geschichte.

Innenpolitisch stützten die Mandschus ihre Herrschaft durch einen aufgeklärten Despotismus, für den die Kaiser Xuanye (Kangxi, 1661–1722), Yinzheng (Yongzheng, 1722–1735) und Hongli (Qianlong, 1735–1796) stehen. Die Regenten forcierten die Übernahme der chinesischen Kultur seitens der neuen Oberschicht und schwangen sich selbst zu den Schirmherren der klassischen Traditionen auf. Die Propagierung des bereits zu Ming-Zeiten ausgebildeten Neo-Konfuzianismus, der die ehrfürchtige Unterwerfung unter das absolutistische Kaisergeschlecht im Zeichen des überlieferten Moralkodex verlangte, diente der ideologischen Absicherung der Fremdherrschaft. Dies wurde durch den raschen Aufbau von Schulen, des Prüfungssystem für Beamte sowie durch Verbote nichtorthodoxer Literatur umgesetzt.

Ihren Machtanspruch demonstrierten die neuen Herrscher auch durch die Verpflichtung, mandschurische Kleidung samt den heute für typisch chinesisch erachteten Zopf zu tragen. Ehen zwischen Mandschuren und Chinesen blieben untersagt. Die Organisation der Verwaltung übernahm die Ming-Dynastie, die Ämter hingegen besetzten sie doppelt: mit Mandschu-Abkömmlingen und Chinesen. Durch diese Maßnahmen konnten die Mandschu-Kaiser, trotz ihrer Tyrannei, die alten Eliten für sich gewinnen.

Zu Beginn des 19. Jahrhunderts schwand der Glanz der Qing-Dynastie. Der Druck der europäischen Kolonialmächte, die sich Zugang zum chinesischen Markt verschaffen wollten, verstärkte sich zusehends. England, mit dem zunächst intensivere Beziehungen entstanden, drängte auf die Abschaffung der Handelsbeschränkungen. Allein Portugal durfte auf dem Eiland Aomen einen Stützpunkt unterhalten. Der gesamte Außenhandel lag bis dahin ausschließlich in den Händen chinesischer Kaufleute. Nach erfolglosen diplomatischen Interventionen kam es schließlich von 1840 bis 1842 zum *Opiumkrieg*.

Die letzten 70 Jahre der Mandschu-Herrschaft kennzeichnen Aufstände und Kriege, das Absinken des Landes in einen halbkolonialen Status und eine weitreichende soziale Verelendung. Durch zusätzliche Zugeständnisse Chinas an die europäischen Mächte in Form neuer Handelsstützpunkte und Meistbegünstigungsklauseln (ungleiche Verträge) sowie der Abschaffung des chinesi-

Opiumkrieg

Das Rauschmittel Opium, von der britischen East India Company importiert, erfreute sich in China einer zunehmenden Beliebtheit. Trotz eines Handelsverbotes gelang es, immer größere Mengen ins Land zu schaffen. Unterstützung fanden die Engländer durch nachlässige oder korrupte Beamte. Als der Opiumhandel immer mehr zum sozialen und wirtschaftlichen Problem wurde, v. a. durch einen hohen Geldabfluß für das begehrte Mittel, ergriff die chinesische Regierung Gegenmaßnahmen. 1839 ließ sie 20.000 Kisten Opium in Guangzhou vernichten. Daraufhin feuerten britische Kriegsschiffe auf die chinesischen Küstenstädte. Im anschließenden Krieg erwies sich China militärisch als hoffnungslos unterlegen.

In dem 1842 geschlossenen Frieden von Nanjing mußte sich die chinesische Regierung zu weitgehenden Zugeständnissen bereit erklären. Die Küstenstädte Xiamen, Shanghai, Ningbo und Guangzhou wurden für die Europäer geöffnet, zusätzlich trat China Hongkong an Großbritannien ab und zahlte eine Kriegsentschädigung von 21 Millionen Silberdollar an England. Die Niederlage im Opiumkrieg bedeutete den Beginn der weitreichenden Einflußnahme europäischer Mächte auf die Wirtschaft und Politik Chinas.

schen Handelsmonopols überschwemmten ausländische Waren das Land. China wird mehr oder weniger in Interessenzonen aufgeteilt, ehemalige Vasallenstaaten avancieren zu europäischen Kolonien. Angesichts dieser Entwicklung bilden sich zunehmend sozialrevolutionäre, fremdenfeindliche und nationalistische Bewegungen.

Eine davon führte 1850 zum Taiping-Aufstand unter dem charismatischen Führer Hong Xiuquan, der mit seinen 30.000 Anhängern in der Provinz Guanxi das »Himmlische Reich des allgemeinen Friedens« gründete. Diese Bewegung prägten sowohl das Christentum, der Buddhismus, der Daoismus und die konfuzianischen Traditionen. Darüber hinaus vertrat sie egalitäre Ansprüche. Privatbesitz wurde abgeschafft, die Stellung der Frau erfuhr eine Aufwertung. In wenigen Jahren kontrollierten die Aufständischen große Teile von Südchina und bedrohten Beijing. Die Regierungstruppen sahen sich nicht in der Lage, den Vormarsch der Taiping-Armeen zu stoppen, so daß sich lokale Verbände organisierten, die die chinesische Oberschicht finanziell unterstützte. Nach jahrelangen Kämpfen konnten die Rebellen 1864 endgültig geschlagen werden. Der Preis des Aufstandes bestand in 20 bis 30 Millionen Toten, einem völlig verwüsteten Land und einer wirtschaftlichen Schwächung, von der sich China lange nicht erholen sollte.

Währenddessen verstärkte sich aber der Druck von außen. Auch das zur Großmacht aufgestiegene Rußland erreichte Gebietszugeständisse, so daß 1860 auf ehemals chinesischem Territorium die Hafenstadt Wladiwostok gegründet werden konnte. Japan besetzte Korea und gewann nach einem Krieg mit China 1895 die Insel Taiwan. Auch Deutschland beteiligte sich an der Ausbeutung. Als Vergeltung für die Ermordung zweier Missionare besetzte es im Dezember 1897 die Hafenstadt Qingdao, kurz danach »verpachtete« China Teile der Provinz Shandong für 99 Jahre an das Deutsche Reich.

Eine weitere Etappe bildete im Jahr 1900 der von der Hofdynastie unterstützte Aufstand der Faustkämpfer für Recht und Einigkeit, auch Boxeraufstand genannt. Die Faustkämpfer hatten sich 1770 gebildet und waren einer der zahlreichen Geheimbünde, die zunächst in der Illegalität gegen das Herrscherhaus, später auch gegen die ausländischen Mächte kämpften. Erneut entlud sich der angestaute Haß auf die Fremden, nicht zuletzt in einem Massaker an Christen und in der Ermordung ausländischer Diplomaten. Es kam zur offiziellen Kriegserklärung Chinas an die westlichen Mächte, die dies mit einer Strafexpedition unter deutscher Führung beantworteten.

1901 besetzten deutsche und japanische Truppen Beijing. Am Ende des Konflikts stand das Boxerprotokoll, das eine hohe Kriegsentschädigung, das Verbot der Waffeneinfuhr und fremdenfeindlicher Aktionen sowie das Recht der Truppenstationierung in Beijing vorsah.

Das chinesische Kaiserreich war dem Untergang geweiht. Permanente Reparationszahlungen und die Überflutung mit ausländischen Waren, oftmals produziert in den abgetretenen Freihäfen, führten Chinas Wirtschaft in den Ruin. Die Regierung verkam zum Handlanger der Kolonialmächte und mußte die ausländischen Zwangsmaßnahmen gegen die eigene Bevölkerung durchsetzen. Wirkliche Souveränität besaß sie keine mehr. Der russisch-japanische Krieg 1904/05 wurde weitgehend auf chinesischem Boden, in der Mandschurei, ausgetragen. Die Unterstützung durch die Bevölkerung schwand dahin.

1905 schlossen sich in Tokio mehrere revolutionäre Vereinigungen unter Führung von Sun Yixian zum Chinesischen Revolutionsbund zusammen. Sun Yixian (1866–1925), der aus einer südchinesischen Bauernfamilie stammte, auf Hawai aufwuchs und in Hongkong Medizin studierte, prägte die Lehre von den drei Volksprinzipien (nationale Eigenständigkeit, republikanische Verfassung, soziale Gerechtigkeit). Am Ende eines revolutionären Prozesses sollte ein parlamentarisch-demokratischer Staat entstehen. Auslandschinesen, junge Intellektuelle und auch bürgerlich-oppositionelle Kreise propagierten diese Ideen in der Bevölkerung. Nach örtlichen Revolten der Sun-Anhänger und einem Putsch durch den Militärreformer General Yuan Shikai kam es 1911 zum Sturz der kaiserlichen Regierung. Sun Shikai wurde in Nanjing zum Präsidenten der neuen Republik China gewählt. Puyi, der in Bertoluccis Film verewigte, damals sechsjährige letzte Kaiser, mußte am 14. Februar 1912 abdanken.

4. Von der Republik China zur Volksrepublik (1912–1949)

Zwei Tage nach der Abdankung Puyis, am 16. Februar 1912, überließ Sun Yixian die Präsidentschaft jedoch General Yuan Shikai, um dem neuen Staat die Unterstützung des Militärs zu sichern. Sun gründete die Guomindang (»Nationalchinesische Volkspartei«) als eigenständige politische Gruppierung, die aus den 1913 angesetzten Wahlen als Siegerin hervorging. Es entbrannte ein Machtkampf zwischen der Guomindang (GMD) und der Regierung Yuan Shikais, die vom Fünf-Mächte-Konsortium, bestehend aus England, Frankreich, Deutschland, Rußland und Japan, unterstützt wurde. Unmittelbar nach dem Wahlerfolg der GMD verbot General Yuan Shikai die Partei und errichtete eine Militärdiktatur. Sein eigentliches Ziel bestand aber in der Wiederherstellung der Monarchie.

Yuan Shikai starb 1916. Mit seinem Tod begann die Periode der sog. Warlords, das heißt der Militärgouverneure, die über eigene Armeen verfügten und unabhängig von der Zentralregierung in den von ihnen kontrollierten Gebieten die Macht ausüben konnten. 1917 trat China offiziell in den Ersten Weltkrieg ein. Die Hoffnungen, nach Kriegsende die ungerechten Verträge annulieren zu können und die ausländischen Pachtgebiete zurückzuerhalten, erfüllten sich in den 1919 geführten Friedensverhandlungen jedoch nicht. Enttäuscht über die fortdauernde Abhängigkeit von den Westmächten und Japan, die die neuen Friedensverträge und geheime Zusatzvereinbarungen noch verstärkten, kam es am 4. Mai 1919 in Beijing zu Studentenunruhen, die blutig niedergeschlagen wurden. Die anschließende 4.-Mai-Bewegung führte im ganzen Land zu Streiks und zu antijapanischen Aktionen.

Nach dem Sieg der Oktoberrevolution in der Sowjetunion wendeten sich viele Intellektuelle und Studenten dem Kommunismus zu. 13 Delegierte aus marxistischen Studienzirkeln, die aus der 4.-Mai-Bewegung hervorgegangen waren, gründeten am 1. Juli 1921 die Kommunistische Partei Chinas (KPCh). Unter ihnen befand sich auch der Bibliotheksangestellte Mao Zedong (1893–1976). Über Berater der Komintern übte Moskau starken Einfluß auf die KPCh aus. So drängte es verstärkt auf ein Bündnis mit der Guomindang Sun Yixians.

Die erfolgreiche Agitation der KPCh in der GMD führte zu Konflikten unter den Anhängern der GMD, die sich nach dem Tod Sun Yixians am 12. März 1925 in einen rechten und einen linken Flügel spaltete. Die Erschießung demonstrierender Studenten am 30. Mai desselben Jahres in Shanghai führte zu Unruhen und Streiks, in deren Gefolge die GMD in Guangzhou eine oppositionelle Nationalregierung bildete. Sie führt unter dem Befehl Jiang Jieshis einen zwei Jahre dauernden Feldzug gegen die Militärmachthaber Nordchinas. Im Juni 1928 gelang die Eroberung Beijings. Bereits im Februar war in Nanjing eine neue Nationalregierung mit Jiang Jieshi an der Spitze gewählt worden. Die GMD etablierte eine Einparteienherrschaft, jedoch ohne ihren Einflußbereich auf das ganze Land ausdehnen zu können.

Die Auseinandersetzungen innerhalb der GMD waren damit aber nicht beendet. Nach der Einigung der beiden Flügel in der GMD und der Koalition mit antikommunistischen und bürgerlichen Kräften kam es zum Bruch zwischen GMD und KPCh. Schon während des Revolutionsfeldzuges hatten Juangs Truppen Massaker unter den

Kommunisten veranstaltet und alle Parteimitglieder in Führungspositionen ausgeschaltet. Gleichzeitig richtete Stalin die Forderung an die KPCh, eigene bewaffnete Verbände aufzustellen. 1928 bildete sich in Hunan die Rote Armee. Getragen von Bauernmilizen gelang der KPCh die Eroberung eigener Einflußgebiete in Jiangxi und Fujian, wo sie als erstes Bodenreformen durchführen ließ. 1931 entstand in der Provinz Jiangxi die erste chinesische Sowjetrepublik.

Einheiten Jiang Jieshis versuchten, die kommunistischen Verbände zu vernichten. Fünf Ansätze blieben erfolglos. Allerdings mußte die Rote Armee des Jiangxi-Sowjets 1934 vor den nationalchinesischen Truppen fliehen. Sie begab sich auf den legendären langen Marsch. Diese einjährige Fluchtbewegung, der sich zahlreiche weitere kommunistische Verbände anschlossen, endete in Yan'an. Nur 8.000 der einst 100.000 Kämpfer überlebten diese gewaltige Kraftanstrengung. Mao Zedong hatte sich während dieser Zeit als Führer der KPCh durchgesetzt und übernahm die Leitung des 1936 in Yan'an neu eingerichteten Hauptquartiers der Partei, für die der lange Marsch zu einem unvergeßlichen Gemeinschaftserlebnis geworden war.

Außenpolitisch hatte die GMD-Regierung in den dreißiger Jahren neue Probleme bekommen. 1931 fielen japanische Truppen in der Mandschurei ein, wo sie Anfang 1932 unter der Selbstbezeichnung Manzhouguo einen japanischen Vasallenstaat ins Leben riefen.

Im Juli 1937 lieferten sich chinesische und japanische Truppen auf der Beijinger Marco-Polo-Brücke ein Feuergefecht. Es kam zum offenen Krieg zwischen beiden Ländern, in dessen Verlauf Japan bald weite Teile Chinas und die wichtigsten Häfen kontrollierte. GMD und KPCh schlossen erneut ein Bündnis für den gemeinsamen Kampf gegen die Invasoren, deren Vormarsch 1939 gestoppt werden konnte. Die Kommunisten mobilisierten in

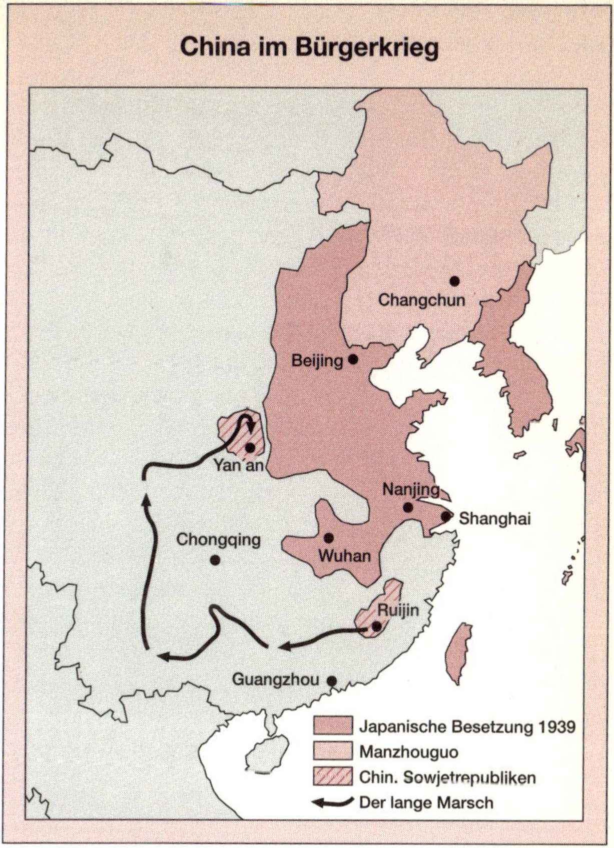

den besetzten Gebieten den Partisanenkrieg, während die GMD nach Westen ausweichen mußte und ihren Regierungssitz nach Chongging verlegte.

Nach dem Überfall der japanischen Luftstreitkräfte auf den pazifischen US-Stützpunkt Pearl Harbor am 7. Dezember 1941 verschmolzen die Kriege in Ostasien und Europa zum Zweiten Weltkrieg. Am 9. September 1945 kapitulierten die japanischen Truppen, so daß auch der Krieg in China beendet werden konnte.

Eine auf Druck der USA und der Sowjetunion zustande gekommene Vereinbarung zwischen GMD und KPCh für die Nachkriegszeit sah die Bildung einer verfassungsgebenden Nationalversammlung vor. Sie trat am 15. November 1946 zusammen, wurde jedoch von den Kommunisten sowie von anderen politischen Parteien boykottiert. Die GMD hatte nämlich im Frühjahr 1946 große Gebiete in der Mandschurei besetzt, woraufhin die KPCh den Kriegszustand ausrief. Damit flammte der Bürgerkrieg erneut auf. Zunächst konnte die GMD ihre Vormachtstellung behaupten. Im März 1948 wurde Jiang Jieshi zum Präsidenten der Republik China gewählt. Den Kommunisten gelang die Bildung einer Einheitsfront gegen die neue Regierung unter Einschluß bürgerlicher Kreise und etlicher Großgrundbesitzer. Schnell kontrollierten sie große Teile Nordchinas und die Mandschurei, Anfang 1949 fiel Beijing. Jiang trat zurück, doch trotzdem kam es zu keiner Einigung mit den Kommunisten. Diese gingen daraufhin erneut zur Offensive gegen die GMD-Truppen über und vertrieben diese mit ihrem Anführer Jiang Jieshi nach Taiwan. Den 500.000 Soldaten folgten ungefähr zwei Millionen Zivilisten auf die Insel, wo sie im März 1950 die Republik China mit Jiang Jieshi als Präsidenten ausriefen, die sich heute noch als legitime Nachfolgerin ganz Chinas betrachtet.

5. Die Volksrepublik China bis zum Ende der Kulturrevolution (1949–1977)

Schon im Juni 1949 liefen die Vorbereitungen zur Bildung einer Regierung der oppositionellen, von Maos Kommunisten geführten Einheitsfront. Währenddessen drangen die Einheitsfront-Verbände weiter nach Westen und Süden vor, bis sie Ende 1950 ein Gebiet besetzt hielten, das der Ausdehnung des heutigen Chinas entsprach. Ende September 1949 wählte die Politische Konsultativ-Konferenz des chinesischen Volkes, bestehend aus Delegierten der Einheitsfront-Parteien, Mao Zedong zum Staatsoberhaupt. Dieser rief am 1. Oktober vor 300.000 Menschen auf dem Platz des Himmlischen Friedens in Beijing die Volksrepublik China aus. Obwohl in der neuen Regierung, der Zhou Enlai als Ministerpräsident vorstand, alle Bürgerkriegsparten vertreten waren, konnte die Kommunistische Partei Chinas ihren Führungsanspruch in der neuen Demokratischen Volksdiktatur behaupten. Alle wichtigen Positionen fielen ihr zu.

Machtsicherung und Neugestaltung der Gesellschaft

Da die KPCh nicht über genügend Mitglieder verfügte, um die Verwaltung vor Ort auszuführen, wurden sechs Provinzverwaltungen geschaffen. Ihre Leitung lag in den Händen von Militär- und Verwaltungskomitees und damit faktisch bei der über zwei Millionen Mann starken Roten Armee, die jetzt den Namen Volksbefreiungsarmee (VBA) trug.

Zügig gingen die neuen Machthaber daran, die Gesellschaft neu zu strukturieren. Durch eine Agrarreform entzogen sie den Großgrundbesitzern die lokale Macht und verteilten das Land an die Bauern. Alphabetisierungskampagnen sollten das Bildungsniveau heben. Ein Ehegesetz, das die auf dem Lande noch häufig anzutreffende Polygamie verbot, diente der Gleichstellung der Frau sowie der Zerschlagung der feudalen Dorf- und Familienstrukturen. Doch die Maßnahmen der Kommunisten zielten nicht nur auf die materielle Neugestaltung der Gesellschaft. In den Jahren 1949 und 1950 wurden knapp 1,2 Millionen Gegner der Volksrepublik von sog. Massengerichten verurteilt und hingerichtet. In der Zeit von 1950 bis 1951 gab die Regierung 322.000 Hinrichtungen bekannt. Im Februar 1951 startete eine Kampagne zur Niederwerfung von Konterrevolutionären, die bis Ende 1952 zwei Millionen Chinesen das Leben kostete.

Der Umerziehung im kommunistischen Sinne dienten die *Drei-Anti-Bewegung* (1951) und die *Fünf-Anti-Bewegung* (1952), die Korruption, Bürokratismus, Werkspionage, Diebstahl von sozialistischem Eigentum und ähnliches bekämpfen sollten. 1953 war die Macht der KPCh soweit gesichert, daß sie nach ihrem Selbstverständnis zur zweiten Phase der Revolution übergehen konnte. Am 1. Oktober 1953 verkündete die Parteiführung die *Generallinie des Übergangs zum Sozialismus*. Die erste Maßnahme bestand in der Kollektivierung der Landwirtschaft. 1954 folgte die zum Teil »freiwillig« umgesetzte und schon 1956 abgeschlossene Verstaatlichung der Produktionsbetriebe. Vorbild dieser Maßnahmen war die Sowjetunion. Das fand seinen Ausdruck auch in der 1954 verabschiedeten Verfassung, die das bis dahin gültige Organisationsgesetz aus dem Jahr 1949 ablöste. Oberstes Staatsorgan bildete nun der Nationale Volkskongreß, während die Politische Konsultativkonferenz zu einem beratenden Gremium zurückgestuft wurde.

Als politische Klasse hatten die Kommunisten ihre Macht im Staat gesichert. Trotzdem herrschten in der Partei unterschiedliche Vorstellungen über den Weg der gesellschaftlichen und wirtschaftlichen Entwicklung. Immer wieder kam es zu parteiinternen Säuberungen und der Absetzung regionaler Parteifunktionäre. Auf dem VIII. Parteitag der KPCh im Jahre 1956 schien es, als hätten sich die Verfechter einer harten Linien der innerparteilichen Disziplin und der Entwicklung nach sowjetischem Vorbild, wie sie Liu Shaoqi und Deng Xiaping repräsentierten, durchgesetzt, obwohl Mao eher die liberalen Kräfte um Zhou Enlai favorisierte.

Mit einer Kampagne zur offenen Diskussion um die gesellschaftliche Entwicklung im Land versuchte Mao die Führung wieder an sich zu ziehen. Er initiierte die *Hundert-Blumen-Bewegung*, die zur offenen Kritik an der Partei- und Staatspolitik aufrief.

Hundert-Blumen-Bewegung

Eine Rede Maos vor den Einheitsfrontparteien am 27. Februar 1957 bildete den Auftakt der Hundert-Blumen-Bewegung. »Laßt hundert Blumen blühen, laßt hundert Gedankenschulen miteinander wetteifern« – dieses Motto, das sich an den Begriff der Hundert-Gedankenschulen der Zeit der Streitenden Reiche anschloß, hatte der Parteichef vorgegeben. »Widersprüche im Volk«, also die gesellschaftlichen Entwicklungen durch die Politik der KPCh, müßten durch Diskussion und nicht durch Gewalt gelöst werden. Das Ausmaß der sich äußernden Kritik gestaltete sich jedoch so umfangreich und ihre Inhalte für die Partei so vernichtend, daß die KPCh schon im Juli 1957 eine Kampagne gegen die Rechtsabweichler einleitete. Nach Schätzungen fielen ihr bis zu einer Million Oppositionelle zum Opfer oder sie endeten in Zwangsarbeitslagern. Unter den Blumen, so Mao, seien etliche Disteln gewesen.

Die in der Hundert-Blumen-Bewegung vorgebrachte Kritik offenbarte, daß der Sozialismus, wie ihn Mao verstand, noch nicht im Bewußtsein des Volkes verankert war. Das veranlaßte die Partei zu einer Wende. Im August 1958 proklamierte Mao Zedong die Politik der *Drei Roten Banner*. Die Banner bestanden aus der *Generallinie des sozialistischen Aufbaus*, dem *Großen Sprung nach vorn* und der *Volkskommunenbewegung*. Laut Generallinie befand sich das Land auch nach der Revolution von 1949 im ständigen Klassenkampf, der eine breite Mobilisierung der Massen für die wirtschaftlichen Ziele verlangte. Damit sollte gleichzeitig das sozialistische Bewußtsein ausgebildet werden. Millionen Chinesen wurden unentgeltlich zum Bau von Straßen, Kanäle, zu »Ernte-« und »Produktionsschlachten« herangezogen. In einem Großen Sprung wollte man innerhalb von 15 Jahren das Produktionsniveau Großbritanniens erreichen. Das Programm förderte vor allem die Stahlerzeugung. Überall im Land wurden neue Hochöfen errichtet, z.T. in Kleinstbetrieben. Die Volkskommunenbewegung bedeutete die Zusammenfassung von durchschnittlich 5.000 Haushalten zu einem Kollektiv, die eine weitestgehende Beschränkung individueller Lebensführung (gemeinschaftliche Mahlzeiten, Altenheime, Kindertagesstätten, gemeinsame Produktionsplanung) vorsah. Doch es gelang nicht, die gesetzten Ziele zu erreichen. Die KPCh sah sich daher schon bald zu neuen Kurskorrekturen veranlaßt, ohne daß jedoch dadurch die innerparteilichen Kritiker Maos verstummten. So erhielt auf der jährlichen Sitzung des NVK im April 1959 bei der Wahl des neuen Staatspräsidenten nicht Mao Zedong die meisten Stimmen, sondern Lin Shaoqi.

Dies bedeutete allerdings nicht die Entmachtung Maos. Mit dem neuen Verteidigungsminister Lin Biao besaß er einen wichtigen Vertrauten, der in einer Reihe von Kampagnen die Volksbefreiungsarmee in eine Große Schule des Denkens Mao Zedongs umwandelte. Außerdem konnte er im Mai 1963 eine *Sozialistische Erziehungsbewegung* durchsetzen, die für ihn die Fortsetzung der Volkskommunenbewegung darstellte. Seinen Gegnern bot sie aber die Möglichkeit, die Partei in ihrem Sinne zu disziplinieren. Gleichwohl verstärkte die Gruppe um Liu Shaoqi und Deng Xiaoping ihre Kritik am Kurs Maos, zu der sie auch die Intellektuellen des Landes ermunterte, so daß man in den frühen sechziger Jahren eine gewisse Liberalisierung verzeichnen konnte.

Die ersten Jahre der Außenpolitik

In den Außenbeziehungen verfolgte Mao die Politik der Anlehnung an eine Seite. Über die Anerkennung und Protektion durch Stalin wollte er die Aufnahme in die weltweite Staatengemeinschaft erreichen. Im Zuge des Kalten Krieges und der Teilnahme sog. chinesischer Freiwilliger am Korea-Krieg (1950–1953) blieb die internationale Anerkennung jedoch versagt. Lediglich Taiwan besaß Sitz und Stimme bei den Vereinten Nationen, und die USA oder andere westliche Länder signalisierten keine Bereitschaft, China diplomatisch aufzuwerten oder gar das bei Kriegsende erlassene Handelsembargo zu lockern.

Mit Stalins Tod am 5. März 1953 änderte sich das Verhältnis zur Sowjetunion. Die durch Chruschtschow eingeleitete Entstalinisierung brandmarkte Mao als revisionistisch, die ersten Versuche einer Annäherung an die USA als kapitalistisch. Als die Sowjetunion ihre Unterstützung für die von China betriebene militärische Lösung der Taiwanfrage versagte (chinesische Beschießung der Inseln Jinmen und Mazu 1958) und sich auch bei Grenzstreitigkeiten mit Indien nicht auf die Seite des sozialistischen Bruderlandes stellte, verschärfte sich die Kritik Beijings am Moskauer Kurs. Die Kreml-Führung beschloß daraufhin, den im Juni 1959 auslaufenden Atomwaffen-Hilfsvertrag nicht zu verlängern. Im Sommer 1960 zog sie schließlich alle sowjetischen Berater aus China ab. Seitdem gehen beide Länder getrennte Wege.

Die Kulturrevolution

Die innerparteilichen Machtkämpfe dauerten unverändert an. Mao zog im Herbst 1965 nach Shanghai und organisierte von dort die Durchsetzung seiner Position. In einem Zeitungsartikel griff er seine Gegner scharf an. Anfang 1966 verloren wichtige Verbündete Liu Shaoqis ihre Ämter. Es kam zur *Großen Proletarischen Kulturrevolution*, die das Plenum des Zentralkomitees der KPCh im August 1966 zur offiziellen Generallinie der Partei erhob.

Es wäre jedoch zu kurz gegriffen, die Kulturrevolution,

der mindestens drei Millionen Menschen zum Opfer fielen, nur als Ausdruck von Fraktionskämpfen innerhalb der KPCh anzusehen. Mao fürchtete um die Revolution und den Vorrang des Politischen, die er durch Bürokratismus, durch Verkrustungen im Partei- und Staatsapparat gefährdet sah.

Der Machtkampf in Staat und Partei dauerte bis ins Jahr 1971. Erst dann gelang es der gemäßigten Gruppe um Zhou Enlai, Lin Biao zu entmachten. Zhou Enlai stieg daraufhin zur neuen dominierenden Figur im politischen Leben Chinas auf. Viele kommunistische Funktionäre, die im Verlauf der Kulturrevolution ihre Ämter verloren hatten, erlangten ihre Rehabilitierung, so zum Beispiel Deng Xiaoping, der 1973 den Posten des Vizepremiers erhielt.

Die Partei beherrschten zu diesem Zeitpunkt etwa je zur Hälfte die Verfechter einer erneuten Liberalisierung sowie die Anhänger der Kulturrevolution, auch als Parteilinke bezeichnet. Nach dem Tod Zhou Enlais am 8. Januar 1976 gewann letztere in der KPCh die Oberhand und startete einige Kampagnen zur Wiederbelebung der Kulturrevolution, die jedoch in ihr Gegenteil umschlugen. Es kam zu Streiks und Demonstrationen, die von der Armee niedergeschlagen wurden. Trotzdem erhielt Hua Guofeng anstelle des designierten Deng Xiaoping das Amt des neuen Ministerpräsidenten.

Am 9. September 1976, also nur acht Monate nach dem Tod Zhou Enlais, starb auch Mao Zedong. Vier Wochen später wählte das Politbüro Hua Guofeng auch zum neuen Parteivorsitzenden. Seine erste Amtshandlung bestand in der Entmachtung der Parteilinken und der Verhaftung der sog. Viererbande um Maos Witwe Jiang Qing. Diese wurde 1981 wegen »verschwörerischer Aktivitäten« zum Tode verurteilt, dann aber begnadigt. 1991 nahm sie sich das Leben. Hua Guofeng schloß sich zwischenzeitlich den von der Armee unterstützten Gegnern der Viererban-

Große Proletarische Kulturrevolution

Die Kulturrevolution markierte einen Wendepunkt in der chinesischen Geschichte. Getragen wurde die Bewegung von den Roten Garden, meist aus Schülern und Studenten zusammengesetzte paramilitärische Einheiten. Sie propagierten den Vorrang der politischen Ideologie vor ökonomischer Vernunft, entsprechend Maos Konzept der permanenten Revolution.
Die programmatische Zielvorstellung der Kulturrevolution bestand im einfachen, proletarischen Leben. Jeder Intellektuelle mußte auf den Dörfern arbeiten, nichtproletarische Kleidung blieb verboten, Kunst und Kultur richteten sich nach der Lehre Maos. Was man darunter zu verstehen hatte, bestimmte Maos Frau Jiang Qing in ihrer Eigenschaft als Kulturministerin. Damit geriet die Kulturrevolution auch zum Beginn eines ungeahnten Mao-Kultes.
Die Schulen und Universitäten wurden geschlossen, weil sich Bildung nur im Produktionsprozeß vermitteln lasse. Politisch zuverlässige Kader ersetzten kompetente Kräfte in den Betrieben und Verwaltungen.
Daraus entstand ein immenser wirtschaftlicher Schaden. Die Schließung der Bildungseinrichtungen führte zu einem Wissensnotstand, der noch heute im ganzen Land spürbar ist.
Nachdem der Terror der Roten Garden eine Eigendynamik entfaltete, die die Grundfesten des Staates angriff, rief Mao 1967 die Volksbefreiungsarmee zu Hilfe, um die Ordnung wieder herzustellen. Auf Druck der Armee mußten sich Mao und seine Anhänger von den revolutionären Rebellen distanzieren. Damit war der Höhepunkt des während der Kulturrevolution entfalteten Terrors überschritten.

de an, da er ohne die Militärs keine Chance zur Durchsetzung seiner Politik sah.

Vorzeitig rief man 1977 einen neuen Parteitag ein. Gegen den Widerstand des neuen Vorsitzenden gelang die Rehabilitierung Deng Xiaopings und er erhielt seine Funktion innerhalb der Partei zurück. Er stieg zum starken Mann hinter Hua Guofeng auf. Deng Xiaoping gelang es, mehr und mehr Personen seines Vertrauens in wichtige Parteipositionen zu heben. Gleichzeitig wurde die Kulturrevolution offiziell für beendet erklärt.

6. Reformen und Öffnungen nach Westen (1976–1994)

Deng Xiaoping betrieb seit seiner Rückkehr in die Führungselite der KPCh eine Politik der vorsichtigen Abwendung von Mao Zedong, der wirtschaftlichen Liberalisierung und der Öffnung nach dem Westen. Er leitete die Politik der sozialistischen Marktwirtschaft ein, die zunächst den Bauern und Handwerkern ein begrenztes Privateigentum und freien Handel zugestand, später die Möglichkeit zu Gemeinschaftsunternehmen mit ausländischen Investoren schuf, die staatlichen Preiskontrollen reduzierte und schließlich begann, ganz gezielt ausländisches Kapital zum Aufbau der Wirtschaft ins Land zu holen.

Die außenpolitische Neuorientierung nach dem Bruch mit der Sowjetunion fand ihren Ausdruck in dem Beitritt zu den Vereinten Nationen, der bereits 1971 erfolgte. Im Februar 1972 besuchte US-Präsident Nixon die Volksrepublik. 1979 nahmen die Vereinigten Staaten und China diplomatische Beziehungen auf. Die begonnene Aussöhnung mit der Sowjetunion wurde nach dem Einmarsch der sowjetischen Roten Armee in Afghanistan (Weihnachten 1979) unterbrochen. China beteiligte sich auch am Boykott der Olympischen Spiele 1980 in Moskau.

Einen empfindlichen Rückschritt bedeutete die blutige Niederschlagung der regimekritischen Demonstrationen in der Nacht vom 3. auf den 4. Juni 1989 auf dem *Platz des Himmlischen Friedens* in Beijing. Die Armee schoß nach Schätzungen wahrscheinlich mehrere Tausend der versammelten Studenten und Arbeiter nieder. Nach diesem Massaker brachen auch in anderen Städten Unruhen aus. Daraufhin kam es im ganzen Land zu einer Verhaftungs- und Hinrichtungswelle, die auch Regimekritiker erfaßte, die sich nicht an diesen Demonstrationen beteiligt hatten. Die sog. bürgerliche Literatur verschwand aus den Buchhandlungen.

Anlaß zu diesen Demonstrationen gab die Zurücknahme des eingeleiteten Reformkurses und eine Verschärfung des innenpolitischen Klimas. Sogenannte revisionistische Kräfte, also Funktionäre, denen die Liberalisierung in Wirtschaft und Gesellschaft nicht weit genug ging, hatten ihren Einfluß in den Parteigremien vergrößert und kritisierten die Fraktion um Deng Xiaoping. Durch eine Neubesetzung wichtiger Positionen in Partei und Staat zwischen 1987 und 1988 konnten die orthodoxen Kräfte um Deng Xiaoping ihre Position wieder stärken. Seinen Ausdruck fand dies in der Absetzung des eher liberalen Generalsekretärs der KPCh, Hu Yaobang, im Jahr 1987 und in der Wahl Li Pengs zum Premierminister, der dieses Amt bis heute bekleidet. Er votierte zusammen mit Deng Xiaoping maßgeblich für die gewalttätige Niederschlagung der Demonstrationen.

Im Gegensatz zu dem seit damals fortdauernden innenpolitischen Druck forcierte die Regierung jedoch die wirtschaftliche Reformpolitik. Der Westen versuchte zum Teil, die wirtschaftliche Kooperation an die Verbesserung der Menschenrechtssituation zu koppeln. Die Beijinger Führung, zu keinerlei Zugeständnissen bereit, vermochte jedoch die Interessen der westlichen Industrienationen gegeneinander auszuspielen.

Platz des Himmlischen Friedens

Der Tiananmen-Platz ist zum Synonym für die Demokratiebewegung des Jahres 1989 geworden. Der Platz, den erst Mao Zedong zu seiner heutigen Größe ausbauen ließ, war aber schon immer Schauplatz der chinesischen Geschichte. Hinter dem Tor lag der Kaiserpalast, die verbotene Stadt. Während der 4.-Mai-Bewegung 1919 demonstrierten dort Tausende von Menschen gegen die japanische Vorherrschaft in China. Mao Zedong rief hier die Volksrepublik aus. Seitdem fanden hier Massenkundgebungen statt, Aufmärsche der Volksbefreiungsarmee und Demonstrationen der Roten Garden während der Kulturrevolution. Auch nach dem Tode Zhou Enlais (8. Januar 1976) protestierten Tausende Chinesen gegen die Kulturrevolution und forderten einen politischen Kurswechsel. Die blutig niedergeschlagenen Demonstrationen im Jahr 1989 nahmen ihren Ausgang am 16. April in einer Trauerkundgebung für den einen Tag zuvor verstorbenen Ex-KPCh-Generalsekretär Hu Yaobang. Während der offiziellen Gedenkfeierlichkeiten am 22. April fanden sich 200.000 Menschen auf dem Platz ein. An der Beijing-Universität liefen Streikvorbereitungen. Am 24. April traten 100.000 Studenten in einen Vorlesungsboykott. Anläßlich des 70. Jahrestages der 4.-Mai-Bewegung zogen wiederum mehrere hunderttausend Menschen vor das Tor. Anläßlich des Besuches von Michail Gorbatschow am 15./16. Mai befanden sich bis zu einer Million Menschen auf dem Platz. 3.000 Studenten traten in den Hungerstreik. Von nun an demonstrierten dort täglich Menschen. Die Haltung der Regierung schwankte zwischen Versöhnung (KPCh-Chef Zhao Ziyang) und Konfrontation (Li Peng,

Deng Xiaoping). Immer mehr Leute aus allen Landesteilen strömten nach Beijing. Sie forderten mehr Demokratie, die Beachtung der Menschenrechte sowie die Absetzung von Li Peng. Am 20. Mai verhängt die Partei das Kriegsrecht über den Platz und Teile von Beijing. Die Fraktion der Hardliner hatte sich durchgesetzt. Zhao Ziyang wurde entmachtet. In der Nacht vom 3. auf den 4. Juni begann die gewaltsame Räumung des Platze durch die Volksbefreiungsarmee, die flüchtende Menschen einfach niederschoß. Bereits am 5. Juni sprach das Zentralkomitee von einem ersten Sieg über den »schreckenerregenden, konterrevolutionären Aufruhr«.

7. Tibet

Die Geschichte Tibets ist eng mit der Chinas verknüpft. In der aktuellen Diskussion spielt neben grundsätzlichen Menschenrechtsfragen auch das Problem der Zugehörigkeit des buddhistischen Landes zur heutigen Volksrepublik eine Rolle.

Politisch trat das dünn besiedelte Tibet erstmals im 7. Jahrhundert in Erscheinung. Unter dem König Songtsen Gampo entstand ein Reich, das weit über das heutige Gebiet hinausreichte. Über Nepal und China gelangte der Buddhismus nach Tibet, der dort auch politisch an Einfluß gewann. 780 gründeten Mönche dort das erste buddhistische Kloster. Das Reich zerfiel jedoch im 9. Jahrhundert durch die Aktivitäten rivalisierender Stammesfürsten.

Der Buddhismus erlangte erst wieder staatspolitische Bedeutung, als während der Yuan-Dynastie, die Mongolen über Tibet herrschten. Unter Kublai Khan entstand ein Verhältnis zwischen China und Tibet, das mit »Schutzherr und Priester« (yon-mchod) charakterisiert wird. Tibet blieb dabei relativ unabhängig.

Auch nach dem Rückzug der Yuan-Dynastie stand es weiterhin mit den mongolischen Herrschern in Verbindung. Ausschlaggebend blieb die buddhistische Gelugpa-Sekte (»die Tugendhaften«), deren Mönche wegen ihrer Kopfbedeckung auch den Namen Gelbmützen tragen. Die Gelugpas verurteilten die von anderen tibetisch-buddhistischen Schulen praktizierten magischen Rituale und lehrten eine strenge Klosterdisziplin. Sie nahmen an, daß sich ihr Gründer Tsongkhapa in den nachfolgenden Lamas (Lama = Lehrer) reinkarnierte. Der dritte Nachfolger bekehrte den mongolischen Herrscher Altan Khan, welcher ihm den Titel Dalai (Ozean) verlieh. Dieser wurde rückwirkend auch auf den Gründer Tsongkhapa übertragen. Mit Hilfe der Mongolen griffen die Tibeter die Formel Schutzherr und Priester wieder auf und machten 1642 den V. Dalai Lama zu ihrem Oberhaupt.

Erst die Mandschu-Herrscher integrierten das Land wieder in das chinesische Reich, indem sie Tibet 1720 zu einem Protektorat machten.

1911/12 konnte die chinesische Herrschaft wieder beseitigt werden. Die Tibeter erkannten das republikanische China nicht an, der Dalai Lama erklärte, daß man das eigene Land nun als einen unabhängigen Staat betrachte. Gleichwohl schlossen Großbritannien und China 1914 einen Vertrag, nach dem Tibet bei weitgehender Autonomie unter chinesischer Oberhoheit verblieb. Eine erneute totale Okkupation verhinderte allein der chinesisch-japanische Krieg.

Die Wende brachte das Jahr 1950. Unter dem Vorwand, ausländische Mächte bewaffneten Tibet für einen Angriff auf China, drangen die kommunistischen Revolutionsarmeen in das Land ein. Zwar garantierte man den Tibetern Autonomie und Vollmachten des Dalai Lama, doch begann man schon bald damit, die neue Provinz nach sozialistischem Vorbild umzugestalten. Im Zuge neuer Steuergesetze konfiszierte China Ende 1954 zahlreiche Güter aus dem Besitz der buddhistischen Klöster. Die zunehmenden chinesisch-tibetische Spannungen entluden sich 1959 in einem Volksaufstand, den die Besatzungsmacht blutig niederschlug. Der Dalai Lama und mit ihm Tausende Tibeter flüchteten nach Indien. Die nächste Zerstörungswelle brachte die Kulturrevolution. So gut wie alle Klöster wurden vernichtet, die Zivilbevölkerung beklagte unzählige Opfer.

Die nach Beendigung der Kulturrevolution eingeleitete Liberalisierung und verstärkte Investitionen für den wirtschaftlichen Aufbau des Landes haben Tibet jedoch bis heute nicht befrieden können. Immer wieder kam es zu Unruhen, so daß China 1989 das Kriegsrecht über Tibet verhängte. Der Dalai Lama, den viele Tibeter weiterhin als ihr religiöses und weltliches Oberhaupt ansehen, wirbt für ein unabhängiges Tibet.

IV. Politisches System

Nach dem Zerfall des real existierenden Sozialismus in Osteuropa ist die Volksrepublik China, sieht man von Ländern wie Kuba, Vietnam oder Nord-Korea ab, der letzte weltpolitisch bedeutende sozialistische Staat. Sein politisches und gesellschaftliches System kann man aber nicht ohne weiteres mit denen der anderen, ehemals sozialistischen Länder vergleichen.

1. Der sozialistische Sonderweg Chinas

Die 1982 neu angenommene Verfassung definiert China als »sozialistischen Staat der Diktatur des Proletariats«. Diktatur des Proletariats bedeutet nach eigenem Selbstverständnis die Diktatur über die Feinde des Volkes, wobei das Volk aus Arbeitern, Bauern, Intellektuellen und allen Patrioten, die den Sozialismus befürworten, besteht. Die Führung dieses Volkes obliegt einem Bündnis aus Arbeitern und Bauern, vertreten durch die Kommunistische Partei. Ideologische Grundlage der Volksrepublik bildet jedoch nicht allein der Marxismus-Leninismus, wie er in dem Verfassungszitat zum Ausdruck kommt. Spätestens seit dem Bruch mit der Sowjetunion gelten auch die *Maozedongideen* als politische und wirtschaftliche Richtschnur.

Die Gründung der Volksrepublik war nicht, wie in anderen Ländern, das Ergebnis einer stürmischen Revolution, sondern langer Kämpfe mit wechselnden Koalitionen. Der Sonderweg setzte sich fort, indem Chinas Kommunisten das Selbstverständnis entwickelten, auch nach der Gründung der Volksrepublik befinde man sich noch in einer Phase des Übergangs zum Sozialismus, da die Änderung der Eigentumsverhältnisse die Klassengegensätze nicht beenden würden.

Maozedongideen

Der Begriff Maozedongideen bezeichnet in China die politische Theorie Maos.
Ein Bezug zu Marx und Engels findet sich in seinen Schriften nicht. Von Lenin übernahm er die Anschauung, daß der Übergangsprozeß zum Sozialismus von längerer Dauer ist, in der die Kommunistische Partei durch eine Politik der antiimperialistischen Einheitsfront, die Bündnisse mit bürgerlichen Kräften einschließt, die Führungsrolle erkämpfen müsse. Aus der Stalinschen Gedankenwelt kommt die sog. Verschärfungstheorie. Danach stirbt der Kapitalismus durch das Vordringen des Sozialismus nicht einfach ab, sondern leistet verschärften Widerstand gegen seinen vorbestimmten Untergang.
Ansonsten bestimmen die Erfahrungen des jahrelangen revolutionären Kampfes die politischen Ideen Maos. Diese sind geprägt vom Gedanken der Autarkie, von der Betonung des politischen Bewußtseins vor Expertentum und Bürokratie sowie von der Massenlinie, das heißt, den Problemen des Volkes und der auf diesen aufbauenden Aufklärungsarbeit durch die Partei. Die Kommunistische Partei sei »wie ein Fisch im Wasser des Volkes« und damit zwar eine Avantgarde, aber trotzdem von der Unterstützung durch das Volk abhängig. Auch dies reflektiert die Kampferfahrung Maos. Improvisation, der unbedingte Wille zum Sieg und die Unterstützung der Bauern machten fehlende militärische Ausrüstung und zahlenmäßige Unterlegenheit der Verbände wett. Aus diesem Grund bildete für Mao auch nicht das Proletariat, sondern die bäuerliche Bevölkerung die revolutionäre Klasse. Doch erst die Partei könne die Bauern »proletarisieren«.

Ein weiteres Element der chinesischen Entwicklung sind die andauernden Richtungskämpfe in der Kommunistischen Partei. Die Fraktion um Mao Zedong maß der politischen Bewußtseinsbildung einen größeren Stellenwert zu als der wirtschaftlichen Effizienz und der Funktionstüchtigkeit der politischen, gesellschaftlichen und ökonomischen Strukturen. Ihr gegenüber stand die Gruppe um Liu Shaoqi und Deng Xiaoping, die eine genau entgegengesetzte Position vertrat. Für sie ist gemäß der Theorie des Marxismus-Leninismus der Überbau von den Produktionsverhältnissen abhängig.

Diese innere Spaltung in der Kommunistischen Partei führte immer wieder zu Kurswechseln. Durch das faktische Einparteiensystem – die heute noch existierenden ehemaligen Einheitsfrontparteien spielen im politischen Leben so gut wie keine Rolle – mußten immer Kompromisse zwischen den skizzierten Linien gefunden werden. Deshalb kam es nie zu radikalen Brüchen in der chinesischen Politik, sondern zu Wandlungen, die nicht selten als Berichtigungen der gegnerischen Position interpretiert wurden. Nicht zuletzt müssen auch die heutigen Parteiführer auf die Autorität Mao Zedongs Rücksicht nehmen, wenn sie sich auch von seinen politischen Idealen entfernt haben.

2. Demokratie und Prozesse der Entscheidungsfindung

Oberstes Entscheidungsorgan ist der Nationale Volkskongreß (NVK). Er wird für fünf Jahre gewählt. Der derzeitige VIII. NVK hat 2.987 Abgeordnete, die alle gesellschaftlichen Gruppen repräsentieren, darunter auch 267 Abgeordnete der Volksbefreiungsarmee. Zwischen den jährlichen Tagungen tritt alle zwei Monate der Ständige Ausschuß des NVK zusammen, um die Arbeit des NVK stellvertretend fortzuführen.

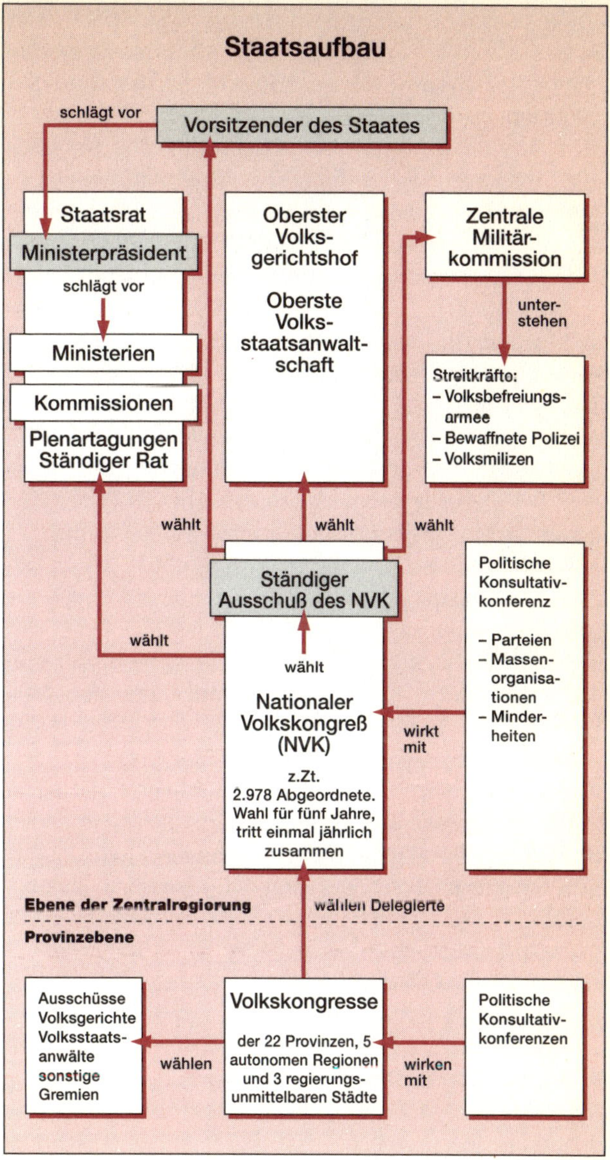
Staatsaufbau
schlägt vor
Vorsitzender des Staates
Staatsrat
Ministerpräsident
schlägt vor
Ministerien
Kommissionen
Plenartagungen Ständiger Rat
Oberster Volksgerichtshof
Oberste Volksstaatsanwaltschaft
Zentrale Militärkommission
unterstehen
Streitkräfte:
– Volksbefreiungsarmee
– Bewaffnete Polizei
– Volksmilizen
wählt
wählt
wählt
Ständiger Ausschuß des NVK
wählt
wählt
Nationaler Volkskongreß (NVK)
z.Zt. 2.978 Abgeordnete. Wahl für fünf Jahre, tritt einmal jährlich zusammen
wirkt mit
Politische Konsultativkonferenz
– Parteien
– Massenorganisationen
– Minderheiten
Ebene der Zentralregierung
wählen Delegierte
Provinzebene
Ausschüsse Volksgerichte Volksstaatsanwälte sonstige Gremien
wählen
Volkskongresse
der 22 Provinzen, 5 autonomen Regionen und 3 regierungsunmittelbaren Städte
wirken mit
Politische Konsultativkonferenzen

Die langen Sitzungspausen weisen darauf hin, daß andere Stellen die wesentlichen Entscheidungen treffen. Durch die Führungsrolle der KPCh bilden das Zentralkomitee und das Politbüro das eigentliche Machtzentrum im Staat. Mitglieder dieser Parteigremien halten alle wichtigen Positionen besetzt. Innerhalb der Partei spielen persönliche Beziehungen eine wichtige Rolle, wobei den alten Parteiveteranen eine besondere Bedeutung zufällt. Neben ihrer Achtung, die sie als Teilnehmer des langen Marsches oder der revolutionären Kämpfe besitzen, spiegelt sich darin auch die grundsätzliche Verehrung der alten Menschen wider, die sich aus der geschichtlichen Tradition herleitet. Daraus abgeleitet ergibt sich auch, daß Aufstieg und Fall in der Partei immer durch persönliche Beziehungen beeinflußt sind. So gilt derzeit Deng Xiaoping als graue Eminenz der Partei, obwohl er seit längerem nicht mehr auf der politischen Bühne in Erscheinung tritt. Auf sein Betreiben hin wurden Hu Yaobang und Zhao Ziyang aufgebaut und fallengelassen. Auch der heutige Partei- und Staatsvorsitzende Jiang Zemin konnte sich der Unterstützung durch Deng Xiaoping sicher sein. Ministerpräsident Li Peng war Adoptivsohn von Zhou Enlai.

Jiang Zemin steht seit 1989 an der Spitze der aus sechs weiteren Männern bestehenden kollektiven Führung im Ständigen Ausschuß des Politbüros. Er löste Zhao Ziyang ab, der sich für eine friedliche Lösung der Studentenproteste eingesetzt hatte und deshalb seinen Hut nehmen mußte. Jiang Zemin ist zugleich Staatsvorsitzender (Staatspräsident) und Vorsitzender der Militärkommission, das heißt Oberbefehlshaber der Armee.

Die Machtkonzentration in der Führungsspitze der Kommunistischen Partei bedeutet jedoch nicht, daß die übrigen politischen Institutionen (NVK, Volkskongresse der Provinzen, Massenorganisationen etc.) Einrichtungen wären, die lediglich die Entscheidungen der greisen Par-

Deng Xiaoping

Neben Mao und dem ersten Ministerpräsidenten Zhou Enlai gehört Deng Xiaoping zu den herausragenden Persönlichkeiten in der Geschichte der Volksrepublik.
Deng wurde 1904 geboren, studierte sechs Jahre in Paris, wo er zur Kommunistischen Partei stieß. 1926 setzte er sein Studium in Moskau fort. 1927 kam er nach China zurück, schloß sich eng an Mao an, nahm am langen Marsch teil und stieg nach Ausrufung der Volksrepublik in hohe Parteiämter auf.
Deng gehörte bald der orthodoxen, am sowjetischen Vorbild orientierten Fraktion in der KPCh an, was zu einer mehrmaligen Entfernung aus und Rehabilitierung durch die KPCh führte (1966/73 und 1976/77). 1981 wurde er Vorsitzender der KPCh und gilt seitdem als der starke Mann Chinas. Die wirtschaftlichen Reformen und die Öffnung nach Westen gehen maßgeblich auf das Betreiben Dengs zurück. 1987 schied er freiwillig aus dem Politbüro der KPCh aus, blieb aber Oberbefehlshaber der Armee. In dieser Funktion setzt er im Juni 1989 gemeinsam mit Ministerpräsident Li Peng die blutige Niederschlagung der Studentenunruhen durch, gab das Amt des Oberbefehlshabers im November 1989 aber an Jiang Zemin ab. Auch ohne hohe Positionen ist Deng als Veteran der ersten Stunde heute noch die graue Eminenz in der Partei. Er hat versucht, mit Jiang Zemin einen Nachfolger aufzubauen. Ob dies gelungen ist, wird sich erst nach dem Tod des heute Neunzigjährigen zeigen.

teifunktionäre nach außen hin absegnen. Gerade der Nationale Volkskongreß entfaltete in den letzten Jahren ein relatives Eigenleben, das sich in offener Kritik oder zahlreichen Gegenstimmen bei Regierungsvorlagen äußerte. Darüber hinaus erhielten die Provinzregierungen durch die wirtschaftlichen Reformen Entscheidungsspielräume, die sie oftmals gegen die Zentralregierung in Beijing ausspielen. Nicht zuletzt initiierte die Partei selbst einen Verjüngungsprozeß, der die Reformkräfte weiter stärkt und langfristig auch zu mehr innerparteilicher Demokratie führen dürfte.

Von diesen Entwicklungen unterscheiden, muß man allerdings die Möglichkeiten zur Wahrnehmung demokratischer Rechte. Die zunehmende wirtschaftliche Liberalisierung ist nicht mit der Anerkennung bürgerlicher Freiheitsrechte verbunden. Es gehört zum Konzept der Männer um Deng Xiaoping, die Loyalität der Bevölkerung durch wachsenden Wohlstand zu sichern. Die Untergrabung der Autorität des Staates, abweichende Meinungen und Kritik am Kurs der Regierung lassen sie deshalb nicht zu. Forderungen nach der Achtung der Menschenrechte, beispielsweise nach der Gewährung von Meinungsfreiheit, werden deshalb rigoros unterdrückt, da sie dem Selbstverständnis des sozialistischen Staates unter Führung der Kommunistischen Partei widersprechen. Artikel 24 der Verfassung bestimmt: »Der Staat fördert die gesellschaftlichen Tugenden der Liebe zum Vaterland, zum Volk, zur Arbeit, zur Wissenschaft und zum Sozialismus … und bekämpft kapitalistisches, feudalistisches und dekadentes Gedankengut.«

3. Außenpolitik

Bis zum Zusammenbruch des Ostblocks bestimmte das Verhältnis zur Sowjetunion die chinesische Außenpolitik. Als sozialistisches Land bemühte sich China zunächst, in das Lager der sozialistische Staaten integriert zu werden. Die »Politik der einen Seite« brachte die bedingungslose Orientierung an Moskau mit sich. Nachdem der Bruch mit

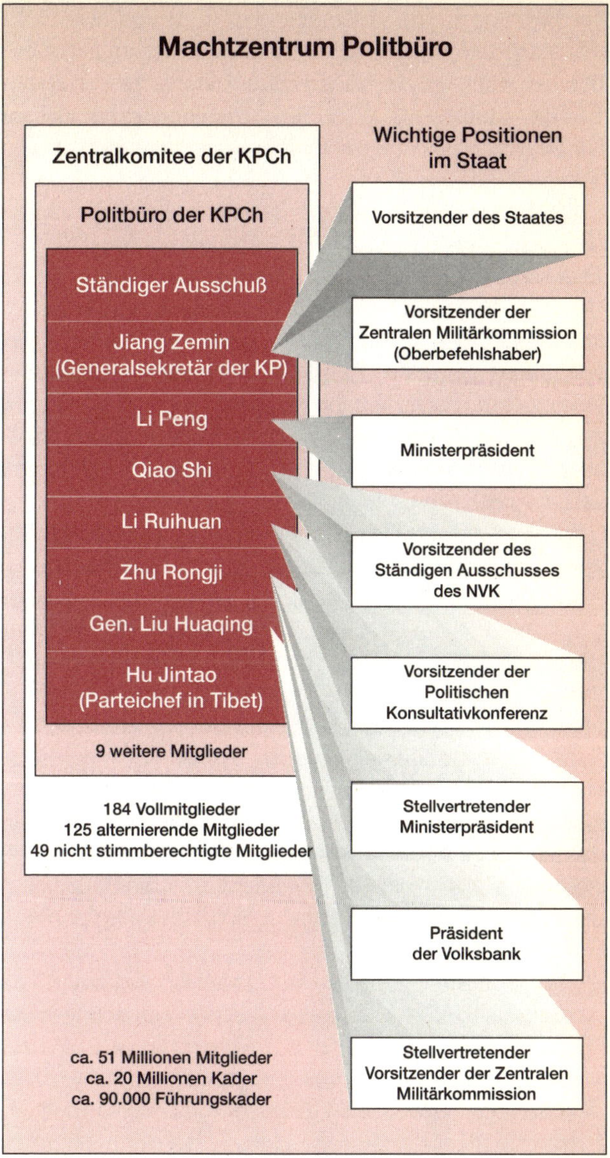
Machtzentrum Politbüro
Zentralkomitee der KPCh
Politbüro der KPCh
Ständiger Ausschuß
Jiang Zemin (Generalsekretär der KP)
Li Peng
Qiao Shi
Li Ruihuan
Zhu Rongji
Gen. Liu Huaqing
Hu Jintao (Parteichef in Tibet)
9 weitere Mitglieder
184 Vollmitglieder
125 alternierende Mitglieder
49 nicht stimmberechtigte Mitglieder
ca. 51 Millionen Mitglieder
ca. 20 Millionen Kader
ca. 90.000 Führungskader
Wichtige Positionen im Staat
Vorsitzender des Staates
Vorsitzender der Zentralen Militärkommission (Oberbefehlshaber)
Ministerpräsident
Vorsitzender des Ständigen Ausschusses des NVK
Vorsitzender der Politischen Konsultativkonferenz
Stellvertretender Ministerpräsident
Präsident der Volksbank
Stellvertretender Vorsitzender der Zentralen Militärkommission

der Führungsmacht vollzogen und die Breschnew-Doktrin, nach der ein möglicher Abfall eines sozialistischen Bruderlandes durch militärisches Eingreifen verhindert werden mußte, als »Sozialimperialismus« bezeichnet wurde, trat das antihegemoniale Element stärker in den Vordergrund.

Der neue, in den sechziger Jahren eingeleitete außenpolitische Kurs fand seinen Überbau in der »Drei-Welten-Theorie«. Die erste Welt sind die beiden Supermächte USA und Sowjetunion, die zweite Welt die entwickelten Staaten in Ost und West und die dritte Welt die unterentwickelten Länder. Das Ziel der chinesischen Außenpolitik bestand nun darin, ein breitestmögliches Bündnis von zweiter und dritter Welt gegen die Supermächte aufzubauen, notfalls auch mit den USA, um die Sowjetunion zu isolieren.

Im Konzept der Drei-Welten-Theorie bestand der Anspruch, auch auf internationaler Ebene eine eigenständige Außenpolitik zu betreiben, die jedoch kein Profil gewinnen konnte. Niemals konnte Beijing eine wirkliche Führungsmacht für seine Klientel, die Dritte-Welt-Länder, werden. Befreiungsbewegungen unterstützte China nur, indem es sich an der Partisanenausbildung beteiligte oder Sympathiebekundungen abgab. Ansonsten reduzierte sich die Außenpolitik auf Einzelfragen wie etwa die Verurteilung der sowjetischen Besetzung Afghanistans oder das Vorgehen gegen Nordkorea. Mit dem Zerfall des real existierenden Sozialismus auch in den Entwicklungsländern gibt es heute keinen Staatenblock mehr, für den sich China einsetzen könnte.

Die zukünftige Außenpolitik wird also vorrangig von den nationalen Eigeninteressen geprägt sein, denen in der Propaganda bislang eine eher untergeordnete Rolle zukam. Die Bestimmung dieser Interessen hat sich in den letzten Jahren gewandelt. Grenzstreitigkeiten wurden militärisch oder diplomatisch gelöst. Der Gebietsanspruch auf Taiwan bleibt zwar formell bestehen – Taiwan gilt als Provinz Chinas –, doch spielt er augenblicklich keine Rolle. Hier gilt das Prinzip Ein Land – Zwei Systeme, das auch auf Hongkong angewendet werden soll, das 1997 an die Volksrepublik zurückfällt. Priorität hingegen hat der Zugang zu den westlichen Absatzmärkten. So ist China kürzlich dem Allgemeinen Zoll- und Handelsabkommen (GATT) beigetreten, was zu einer weiteren Verflechtung mit den westlichen und asiatischen Industrienationen beitragen wird.

V. Gesellschaft

Die heutige Gesellschaft der Volksrepublik beeinflussen in erster Linie drei Faktoren: die Tradition, der Sozialismus chinesischer Prägung und die marktwirtschaftliche Reformpolitik.

1. Religionen

In Überblicksdarstellungen taucht als größte religiöse Strömung für China häufig der Konfuzianismus auf. Der religionswissenschaftliche Begriff Universismus bezeichnet die Zusammenfassung von Konfuzianismus, Daoismus und traditionellen Glaubensüberzeugungen, beispielsweise des Ahnenkultes oder des Glaubens an die Beseeltheit der Natur (sog. Animismus), wobei die Gewichtung der drei Richtungen individuell unterschiedlich ausfällt. Der Konfuzianismus als solcher kann nicht als Religion angesehen werden, da er vor allem eine Staats- und Moralphilosophie darstellt, die aber auf der religiösen Tradition aufbaut und ohne die Ahnenverehrung nicht denkbar ist. Die erst 1910 gegründete konfuzianische Kirche, die Konfuzius den Religionsstiftern gleichstellte, konnte keinerlei Bedeutung erlangen. Trotz heftiger Kampagnen gegen den Konfuzianismus, die ihn als feudalistisch und reaktionär bekämpften, kann man davon ausgehen, daß die konfuzianische Ethik auch die Wertvorstellungen der heutigen Volksrepublik mitbestimmt.

Im Gegensatz dazu stehen die organisierten Kirchen und Gemeinschaften. Schätzungen gehen davon aus, daß es in China derzeit etwa 150 Millionen Buddhisten, 30 Millionen Daoisten, 48 Millionen Muslime und neun Millionen Christen gibt, von denen etwa vier Millionen der katholischen und fünf Millionen der protestantischen Richtung anhängen.

Offiziell herrscht in China Religionsfreiheit. Grundlage der Religionspolitik bilden die Drei Autonomien: Eine Religionsgemeinschaft unterhält sich selbst, verwaltet sich selbst und breitet sich alleine aus. Für die fremden Religionen (Christentum, Islam) bedeutete dies die organisatorische Trennung von ihren Mutterorganisationen bzw. von internationalen Zusammenschlüssen und die Verpflichtung zur Staatstreue sowie zur Unterstützung des Sozialismus. Darüber hinaus besteht für alle Religionsgemeinschaften ein striktes Missionsverbot. Immer wieder werden Verhaftungen von Gläubigen bekannt, die öffentlich für ihre Überzeugung geworben haben.

2. Familie und Danwei

In der konfuzianischen Tradition besaßen Familie und Familienclan eine überragende Bedeutung. Sie bildeten den Ort des Ahnenkultes, sorgten für die soziale Sicherheit ihrer Mitglieder und stellten die unterste Ebene des gesellschaftlichen Ordnungssystems dar. Als zentrale Verhaltensnorm galt die Pietät (xiao), das heißt die Unterordnung der Frau unter den Mann, der Kinder unter die Eltern, der Familie unter den Clan und des Clans unter den Staat.

Sozialistische Familienpolitik

Das Ziel der sozialistischen Familienpolitik bestand nicht in der Zerschlagung der Familie an sich, sondern in der Beseitigung ihrer traditionellen, feudalistischen Elemente. Das Familiengesetz von 1950 erklärte Zwangsheirat, Kindesverlobungen, Doppelehen, Unterordnung der Frau unter den Mann etc. für aufgehoben. Männer und Frauen besaßen von nun an gleiche Rechte. Zentrale Motive für diese Neuordnung waren die Emanzipation der Frau, die größere Einflußnahme von Staat und Partei auf die Familie und letztlich auch die Gewinnung der weiblichen Arbeits-

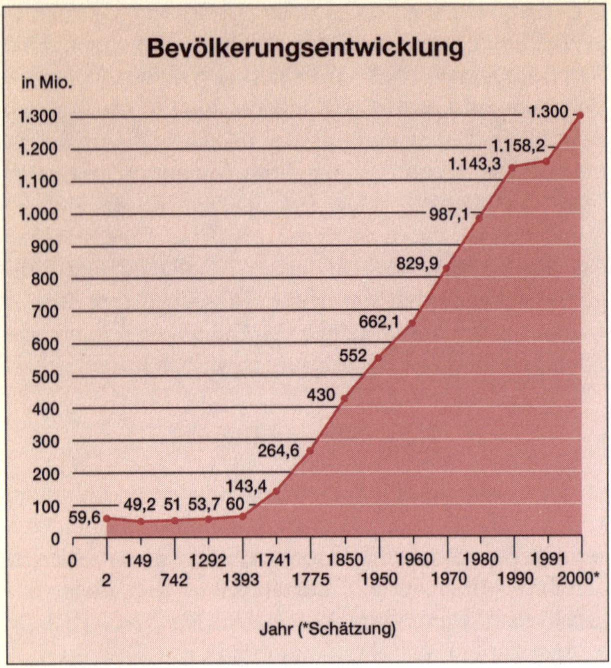

kräfte für den sozialistischen Aufbau. Bis dahin bestand die Aufgabe der Frau wesentlich in ihrem Dienst am Ehemann und an den Schwiegereltern, im Gebären männlicher Nachkommen sowie in der Mithilfe bei der landwirtschaftlichen Arbeit. Über weitergehende Rechte verfügte die Frau nicht. Selbst auf die Erziehung der Kinder nahm sie keinen Einfluß. Diese richtete sich nach der Tradition der Familie, in die die Frau einheiratete. Nicht abgeschafft wurde hingegen die Unterhaltsverpflichtung der Männer gegenüber ihren Eltern. Sie erfuhr lediglich eine Erweiterung dahingehend, daß man auch die Ehefrau in diese Form der sozialen Sicherung einbezog.

Mit dem raschen Bevölkerungswachstum stellten sich den sozialistischen Planern neue Aufgaben. Das Land sah sich auf Dauer nicht in der Lage, immer mehr Menschen Arbeit und Brot zu geben. Deshalb verstärkten sich seit Beginn der Wirtschaftsreformen von 1978 die Forderungen nach der Ein-Kind-Familie, der man auch mit staatlichen Zwangsmaßnahmen nachhalf. Das neue Ehegesetz von 1980 propagiert außerdem die Grundsätze der Spät-

Danwei

Die Danweis bilden nach den Familien die grundlegenden sozialen Einheiten der chinesischen Gesellschaft und können als Fortsetzung der feudalistischen Clanstruktur angesehen werden. Eine Danwei (Einheit) besteht aus der Zusammenfassung von Arbeits- und Lebensbereich. Auf den Dörfern kann dies in Form der Produktionsgenossenschaften zusammenfallen, in den Städten besteht eine Danwei aus einem Stadtteil oder mehreren Straßenzügen sowie den Arbeitsstellen. Die Zuständigkeiten der Danweis sind vielfältig. Neben der sozialen Grundversorgung (Sanitätsstellen, Kulturveranstaltungen, Handwerkerdienste, Wohnungsverwaltung) werden über die Danwei Verkaufsstellen organisiert, die Löhne verteilt und nach Möglichkeit auch die beruflichen Tätigkeiten vermittelt. Darüber hinaus fungiert die Danwei durch informelle Mechanismen auch als soziale Kontrolle der Mitglieder. Bei Streitigkeiten vermittelt zuerst die Danwei, bevor ein Konflikt vor Gericht geht. Die für den Westen typische Großstadtanonymität kann in einem solchen System nicht entstehen. In ihrer politischen Funktion übernehmen die Danweis grundlegende Regierungsaufgaben vor Ort und entlasten die staatliche Verwaltung. In ihrer sozialen Funktion unterteilen sie die Gesellschaft in kleine, überschaubare Einheiten.

heirat und der späten Geburt. Das Heiratsalter der Eheleute soll zusammengenommen 50 Jahre betragen, das Mindestalter für die Hochzeit wurde auf 22 Jahre für Männer und 20 Jahre für Frauen festgesetzt. Das erste Kind soll nicht vor dem 25. Lebensjahr der Frau geboren werden. Dadurch erhofft man sich, daß in 100 Jahren nicht mehr fünf, sondern nur noch vier Generationen nachwachsen. Die Familienplanung zeigt heute bereits erste Erfolge. Kamen 1970 auf 1.000 Einwohner 33,4 Neugeborene waren es 1991 nur noch 19,7. Wie die Statistik zeigt, hat sich das Bevölkerungswachstum nachhaltig verlangsamt, wenngleich die staatlichen Vorgaben leicht nach oben korrigiert werden mußten.

Ehe und Scheidung

Im Verlauf der Liberalisierung seit den achtziger Jahren kehren zunehmend wieder traditionalistische Elemente in das chinesische Familienleben ein. Das Rollenverständnis von Mann und Frau hat sich zwar gewandelt, nicht aber der hohe Stellenwert der Ehe und der Bedeutung, die damit den Formen ihres Zustandekommens beigemessen werden. Seit alters her bahnten Vermittler die Ehen an, die dann die Eltern bestätigten. Auf dem Lande ist diese Form heute noch weit verbreitet, und sei es, daß man Heiratsvermittler nachträglich einschaltet, um den guten Ruf zu wahren. In den Städten hingegen übernehmen mehr und mehr Eheanbahnungsinstitute diese Aufgabe. Die Hochzeit schließlich ist ein aufwendiges und kostspieliges Fest, das mehrere Tage dauert und bei dem wieder verstärkt Glückshoroskope oder Geisterabwehrzeremonien eine Rolle spielen. Der Versuch des Staates, finanziell weniger ruinöse Massenhochzeiten zu arrangieren, kann mangels Zuspruch als gescheitert angesehen werden.

Eine modernere Einstellung zeigt die chinesische Familie hingegen in der Scheidungsfrage. Konnte früher allein der Mann die Frau verstoßen, genügt es heute, wenn beim zuständigen Amt ein Antrag auf Scheidung gestellt wird. Rund drei Viertel der Scheidungen initiieren in der letzten Zeit die Frauen, wobei männliche Tyrannei meist den entscheidenden Klagegrund darstellt. Die Scheidungsrate von 1,4 Prozent (1991) liegt jedoch außerordentlich niedrig (Deutschland: 5,1 Prozent) und zeigt, daß die Ehe als Lebensform weiterhin höchste Priorität besitzt.

3. Gesundheit und Bildung

Das sozialistische China kann in den Bereichen Gesundheit und Bildung seit seiner Entstehung große Erfolge vorweisen. Die Lebenserwartung hat sich seit der Gründung der Volksrepublik verdoppelt und die großen Seuchen sind nahezu ausgerottet. Alphabetisierungskampagnen führten zu einem Rückgang des Anteils der Analphabeten von etwa 80 Prozent im Jahr 1949 auf heute 22,3 Prozent.

Das Gesundheitswesen

Der Anspruch auf Sicherung bei Krankheit und auf medizinische Versorgung ist in der Verfassung festgelegt. Basis des Gesundheitswesens bilden Vorsorgemaßnahmen im Rahmen des Danwei-Systems. Weil die Danweis oftmals für die Gesundheitskosten aufkommen müssen, gibt es hier das wirksame Bestreben, Krankheiten zu verhindern und dadurch das medizinische System zu entlasten. Servicestationen auf den Dörfern und in Straßenbezirken, zuständig für ambulante Behandlungen, bilden die erste Stufe der Krankenversorgung. Auf dem Land gingen sie aus der kollektiven Versorgung durch die sog. Barfußärzte hervor. Mediziner oder angelernte Kräfte, die während der Kulturrevolution auf das Land geschickt wurden, bildeten auf den Dörfern Anlaufstellen für eine erste medizinische Versorgung. Da das medizinische Personal im Rahmen des Gebotes proletarischen Lebens keine Schuhe trug, ergab sich die Bezeichnung Barfußärzte. Die nächsten Ebenen bilden Krankenhäuser für mehrere Dörfer oder für einen Stadtteil, Kreiskrankenhäuser und Spezialkliniken. Für 1.000 Einwohner standen 1993 1,1 Ärzte und 2,4 Krankenhausbetten zur Verfügung.

Traditionelle Behandlungsmethoden genießen großes Ansehen. Die Geschichte der chinesischen Medizin ist durch das daoistische Konzept der gegenseitigen Abhängigkeiten und Entsprechungen geprägt. Krankheit ist die Störung eines Gleichgewichtes, die durch ganzheitliche Behandlungsmethoden und durch natürlich gewonnene Arzneien geheilt werden kann. Im Gegensatz zur westlichen Schulmedizin, die die Naturheilkunde in der Regel ablehnt, engagieren sich in China zahlreiche Unternehmen und auch der Staat für diesen Bereich des Gesundheitswesens, der bereits 40 Prozent des gesamten Arzneimittelmarktes in der Volksrepublik umfaßt.

Bildung

Die Anleitung zum Lesen und Schreiben blieb im kaiserlichen China der Beamtenschicht und dem Adel vorbehalten. Nur vermögende Familien konnten ihre Söhne auf eine Bildungseinrichtung schicken.

Vor allem in den ärmeren Regionen Chinas hat sich an diesem Zustand nichts geändert. Trotz der beachtlichen Erfolge in der Alphabetisierung kann man auch heute noch von einem Bildungsnotstand sprechen, an dem nicht nur die jahrelange Schließung der Schulen und Universitäten während der Kulturrevolution schuld ist. Nach offiziellen Angaben liegt die Einschulungsrate bei 135 Prozent, das heißt, daß neben allen Kindern, die ab ihrem siebten Lebensjahr die Grundschule besuchen, auch zahlreiche ältere Jahrgänge neu eingeschult werden. Nach Untersuchungen der UNICEF schließen jedoch nur 80 Prozent der Kinder die fünfjährige Grundschule ab. Ursache ist das Schulgeld, das von den Kommunen erhoben wird.

Auch der Besuch weiterführender Schulen bleibt selten. Nur 44 Prozent der Grundschulabgänger setzen die Ausbildung fort. An den Universitäten studieren nur knapp über zwei Millionen junger Menschen, das waren 1989 1,7 Prozent der jeweiligen Altersgruppe. Für die Aufnahme auf eine Hochschule gelten zwei Einschränkungen: Der angehende Student muß für seinen Studienplatz zahlen – Chinas Universitäten stehen vor erheblichen Finanzierungsproblemen – und er muß neben einer Aufnahmeprüfung auch seine politische Zuverlässigkeit unter Beweis stellen. Vor allem aber die Geldnot der Bildungseinrichtungen stellt einen enormen Hemmschuh für die notwendige Anhebung des Bildungsniveaus in China dar. Forderungen nach einer besseren finanziellen Ausstattung der Hochschulen spielten auch bei den Demonstrationen im Frühjahr 1989 eine Rolle.

4. Veränderungen seit der wirtschaftlichen Reformpolitik

Durch die wirtschaftliche Reformpolitik erlebt die chinesische Gesellschaft Veränderungen, deren Folgen heute noch nicht absehbar sind.

Umwelt und Verkehr

Auf den ersten Blick fallen die Umwelt- und Verkehrsprobleme ins Auge. Die größte Gefährdung des Umweltbereichs liegt heute in der Wasser- und Luftverschmutzung. Durch die zunehmende Einleitung ungeklärter Abwässer – 1990 rund 30 Millionen Tonnen – in die Flüsse sind heute über 140 der größeren Flüsse hochgradig verseucht. Im wasserarmen Nordchina beträgt der Anteil geschädigter Seen und Flüsse durch Verunreinigungen bereits 80 Prozent. Durch die Trinkwasserversorgung leiden darunter rund 65 Prozent der Bevölkerung. Steigender Wasserbedarf in der Industrie und höhere Ansprüche der Bevölkerung führten zu einer enormen Wasserknappheit, die besonders die großen Städte betrifft. Gerade die Stadtbewohner spüren zusätzlich die direkten Folgen der Luftverschmutzung. Ihre Ursachen liegen vor allem in der Verwendung von Kohle als Hauptenergieträger und im zunehmenden Straßenverkehr. Beim Energieverbrauch hält die oftmals schwefelhaltige Kohle einen Anteil von 76 Prozent (1991). Dies führt zu Schadstoffkonzentrationen in der Luft, die regelmäßig die internationalen Grenzwerte überschreiten.

Auch wenn das Fahrrad in der Bevölkerung nach wie vor das beliebteste Fortbewegungmittel darstellt, trägt auch der Autoverkehr in steigendem Maße zur Umweltverschmutzung bei. In den Jahren 1980 bis 1991 verfünffachte sich der Bestand an Personenkraftwagen und Bussen. Es wurden 1,85 Millionen Fahrzeuge gezählt, was 1,6 Fahrzeuge auf 1.000 Personen ausmacht, von denen sich aber nur ein verschwindend geringer Teil im Besitz von Privatpersonen befindet. Das eigene Auto bleibt ein Traum, so lange selbst für ein Fahrrad noch bis zum Dreifachen eines Monatsgehaltes bezahlt werden muß.

Die relativen Zahlen spiegeln sowohl den im Laufe des wirtschaftlichen Fortschritts zu erwartenden Nachholbedarf bei Kraftfahrzeugen als auch eine derzeitige Unterversorgung, die allerdings nicht nur auf den Straßenverkehr begrenzt ist. Auch die Transportkapazitäten der Eisenbahn sind überlastet. Über das 53.500 Kilometer lange Schienennetz wurden 1992 40 Prozent des Frachtverkehrs abgewickelt. Auf die Schiffahrt entfielen 45,8 Prozent, zwölf Prozent auf den Straßenverkehr. Die Transportengpässe haben sich durch den wirtschaftlichen Aufschwung noch verstärkt und behindern eine effiziente Nutzung der vorhandenen Ressourcen. Angesichts des zunehmenden Verkehrs und der prognostizierten Verdoppelung des Energiebedarfs in den nächsten Jahren steht zu erwarten, daß sich die Umweltprobleme trotz gegenteiliger Bemühungen der Regierung noch verschärfen werden. Die offizielle Politik zeigt, daß bei einem Konfliktfall zwischen Ökonomie und Ökologie das Wirtschaftswachstum Vorrang besitzt. Drastisches Beispiel ist das Staudammprojekt am Chang Jiang in der Provinz Hubei. Durch eine riesige Mauer werden 44.000 Hektar Ackerland überflutet. 1,2 Millionen Menschen müssen deswegen umsiedeln. Die Gegenleistung besteht in einem Wasserkraftwerk mit 17.700 Megawatt Elektrizität, dem Schutz vor Überflutungen, einer besseren Schiffbarkeit des Flusses sowie einer Pipeline zur Bewässerung trockener Felder des Nordens. Umweltschützer aber warnen vor den Langzeitfolgen: dem Fehlen des nährstoffreichen Schlammes am Unterlauf, die Veränderung des Mikroklimas und Schädigung der Lebenswelt am Fluß. Trotzdem wurde das Zehn-Milliarden-Dollar-Projekt, dessen Planung 70 Jahre dauerte, 1992 endgültig verabschiedet.

Sozialer Wandel

Das Zentrum des Wirtschaftswachstums bilden die Industriegebiete der Küstenstädte. Eine Entwicklung, die erheblichen sozialen Sprengstoff in sich birgt. In den letzten Jahren vergrößerte sich die Einkommensschere zwischen Stadt und Land immer stärker. Der Durchschnittsverdienst eines chinesischen Beschäftigten betrug 1991 2.340 Yuan im Jahr, das sind rund 660 D-Mark. Seit Beginn der Reformpolitik stiegen die Löhne und Gehälter real um 4,3 Prozent im Jahr. Diese Zahl verwischt aber sektorale und regionale Differenzen. Am unteren Ende der Lohnskala liegt die Landwirtschaft mit einem Durchschnittsverdienst von 1.703 Yuan (480 D-Mark), am oberen Ende befinden sich die Bereiche Geologische Forschung mit 3.129 Yuan (880 D-Mark) und das Baugewerbe mit 2.653 Yuan (750 D-Mark). Darüber hinaus läßt sich im privaten Gewerbe wesentlich mehr verdienen als in den Staatsbetrieben und den Kollektiven. Im Privatsektor, der den größten Lohnzuwachs verzeichnet, beträgt der Durchschnittsverdienst 3.468 Yuan (etwa 980 D-Mark). Schließlich ist das allgemeine Lohnniveau in den Küstenstädten wesentlich höher als auf dem Land. Darüber hinaus tragen die Bauern eine höhere Abgabenlast als die Arbeiter. Ungefähr 35 Millionen Landwirte lebten 1991 unter der offiziellen Armutsgrenze von 200 Yuan (55 D-Mark) Einkommen im Jahr.

Dies fördert die Landflucht, nachdem die Regierung Mitte der achtziger Jahre die Bestimmungen zur Arbeitsplatzbindung und der Reiseeinschränkungen lockerte. Rund 50 Millionen Landarbeiter haben 1993 ihre Felder verlassen. Die Regierung selbst rechnet mit bis zu 300 Millionen Menschen, die bis zum Jahr 2000 in die Küstenregionen abwandern. Hier leben sie oftmals in ärmlichen Verhältnissen am Rand der großen Metropolen. Die wachsenden Industrien sind auf den Zustrom der Wanderarbeiter angewiesen, die mittlerweile rund die Hälfte des städtischen Arbeitskräftepotentials ausmachen.

Für die zugereisten Arbeitskräfte steht die Aussicht auf einen höheren Verdienst in ihrer Werteskala ganz oben. Dafür nehmen sie unzureichende Arbeitsschutzbedingungen, geringen Wohnraum (eine Stadtwohnung bietet einer Person durchschnittlich sechs bis sieben Quadratmeter Wohnraum, auf dem Land das fünffache) und eine fehlende soziale Sicherung in Kauf. Während die Staatsbetriebe und Danweis die Gesundheitsversorgung ihrer Angehörigen übernehmen, Pensionen zahlen und auch Wohnungen stellen, bestehen für die Privatbetriebe keine solchen Verpflichtungen. Eine Rentenversicherung nach westlichem Vorbild befindet sich erst im Aufbau.

Das Auseinanderdriften von städtischen und ländlichen Regionen beinhaltet auch die Gefahr der Desintegration. Die ärmeren Provinzen fühlen sich von der Entwicklung abgeschnitten, während sich die reichen Küstenregionen

Diktatorische Marktwirtschaft

Der Begriff Diktatorische Marktwirtschaft benennt ein Entwicklungsmodell, das in zahlreichen asiatischen Staaten, so vor allem Südkorea und Taiwan, erfolgreich zur Anwendung kam. Kennzeichnend für diese Länder ist die autoritäre Staatsführung einerseits, die jegliche Oppositionsbewegungen unterdrückt, und eine marktwirtschaftliche Politik, die der Wirtschaft große Freiräume läßt und zu einer raschen Industrialisierung führt andererseits. So liegt das Bruttosozialprodukt Taiwans heute bei über 9.000 US-Dollar pro Kopf und beträgt damit etwa 40 Prozent des deutschen Niveaus. Die Einparteienherrschaft der Guomindang erlaubt erst nach dem erfolgreichen wirtschaftlichen Aufbau einige Demokratisierungsprozesse. Ob dieses Modell auch in China greifen kann, bleibt offen. Der wesentliche Unterschied liegt in der Größe und Bevölkerungszahl der Volksrepublik zu den Vergleichsländern.

und -städte darin überbieten, möglichst günstige Investitionsbedingungen zu schaffen. Die Zentralregierung in Beijing selbst kann diese Prozesse nur noch mühsam unter Kontrolle halten, zumal sie den Provinzen mehr Entscheidungsbefungnisse zugestand. Auch die Kommunistische Partei, die durch ihre Verankerung in den Betrieben und über die Massenorganisationen bislang wie eine Klammer zwischen Staat und Gesellschaft wirkte, verliert an Einfluß. Während ihre Einmischung in den Staatsbetrieben im Sinne eines modernen Managements bewußt zurückgenommen wird, findet in vielen Regionen eine geordnete Parteiarbeit sowieso schon nicht mehr statt. Statt dessen sitzen immer öfter erfolgreiche Geschäftsleute in den Stadt- und Provinzregierungen, die allein auf das wirtschaftliche Wachstum ihres Verantwortungsbereiches abzielen.

Letztlich untergrub die Regierung durch die Einleitung der wirtschaftlichen Reformen ihren eigenen Einfluß. Um diesem Machtverfall zu begegnen, setzt sie seit dem Tianannmen-Massaker verstärkt auf die Bekämpfung aller bürgerlichen Entwicklungen. Gemeint sind damit weniger die erhöhten Konsumansprüche im Rahmen des bescheidenen Wohlstands, den viele Chinesen langsam erreichen, sondern weitergehende politische Forderungen, wie sie von zahlreichen Oppositionellen erhoben werden. Nach der Niederschlagung der Demokratiebewegung im Juni 1989 scheinen viele Chinesen ihr politisches Engagement aufgegeben zu haben. Für sie zählen die Erhöhung des Lebensstandardes mehr als politische Freiheiten. Wenn es der chinesischen Regierung in den nächsten Jahren gelingen sollte, die Einheit des Landes zu wahren, könnte der Weg Chinas in eine *Diktatorische Marktwirtschaft* weisen, den auch schon Südkorea oder Taiwan beschritten haben.

VI. Wirtschaft

Der Konflikt zwischen Umweltschutz und Wirtschaftswachstum ist typisch für Entwicklungsländer, deren dringlichstes Problem in der Ernährung ihrer Bevölkerung besteht und die hierfür eine leistungsfähige Wirtschaft aufbauen müssen.

1. Entwicklung der Wirtschaftspolitik

Die Geschichte der chinesischen Wirtschaftspolitik folgt der politischen Entwicklung und zeigt drei Hauptphasen. In den ersten Jahren der Volksrepublik orientierte sie sich am sowjetischen Modell: Agrarreform, Kollektivierung und Verstaatlichung der Produktionsbetriebe. Das Hauptaugenmerk lag auf der Förderung der Schwerindustrie als Hauptfaktor für den weiteren Aufbau. Ab Mitte der fünfziger Jahre wechselte man die Richtung. Jetzt sollten Industrie- und Landwirtschaft gleichgewichtig entwikkelt werden. Nach der veränderten ideologischen Konzeption durch die Maozedongideen bestand die Aufgabe der Volkskommunen darin, unter einer einheitlichen Leitung landwirtschaftliche und industrielle Produktion gleichgewichtig aufzubaucn. Die Kulturrevolution bereitete der kurzen Wiederkehr des anfänglichen Entwicklungsmodells ein Ende. Nach der Kulturrevolution und der allmählichen Zurückdrängung ihrer Fraktion im Parteiapparat forcierte Deng Xiaoping seit 1978 die Öffnung nach Westen und die Einführung marktwirtschaftlicher Elemente. Bei ihrer Machtübernahme hatten die Kommunisten ein wirtschaftlich nahezu brachliegendes Land vorgefunden, das die verheerenden Spuren der Warlord-Periode, dem chinesisch-japanischen Krieg und dem nachfolgenden Bürgerkrieg trug. In absoluten Zahlen ausgedrückt erreichte die Volksrepublik in den ersten dreißig

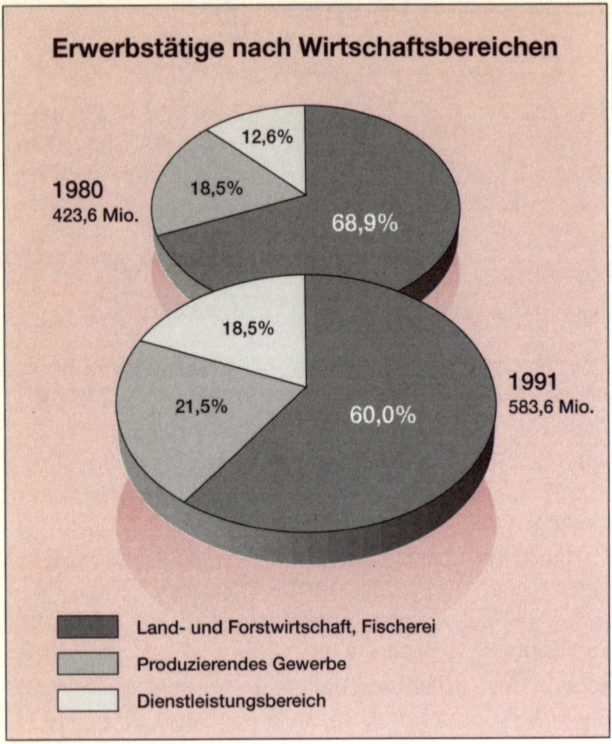

Jahren sozialistischer Wirtschaftspolitik eine enorme Steigerung der industriellen und landwirtschaftlichen Produktion. In Relation zur mitwachsenden Einwohnerzahl standen die Erfolge jedoch in einem weniger günstigen Licht. Die Wachstumsrate pro Kopf blieb niedrig. Außerdem mußte die Führung in Beijing die mangelnde Qualität der Produkte eingestehen und zugegeben, daß trotz einer hohen Investitionsrate gewaltige finanzielle Mittel falsch eingesetzt wurden. Außerdem scheiterte auch der Versuch, die ungleiche Entwicklung in Stadt und Land sowie zwischen Südwesten und dem Rest des Territoriums umzukehren.

Import nach Ländern
(1992)

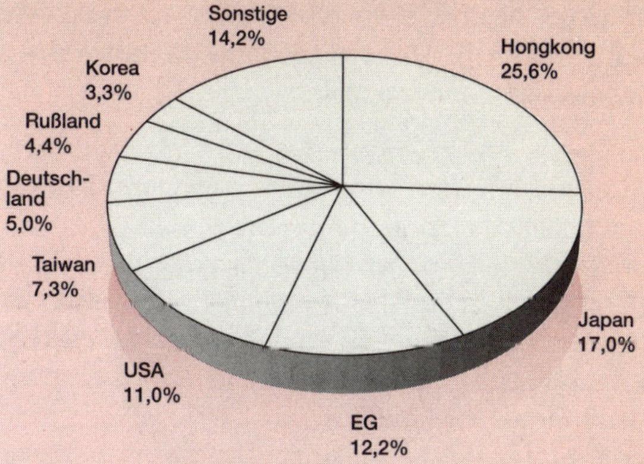

Export nach Ländern
(1992)

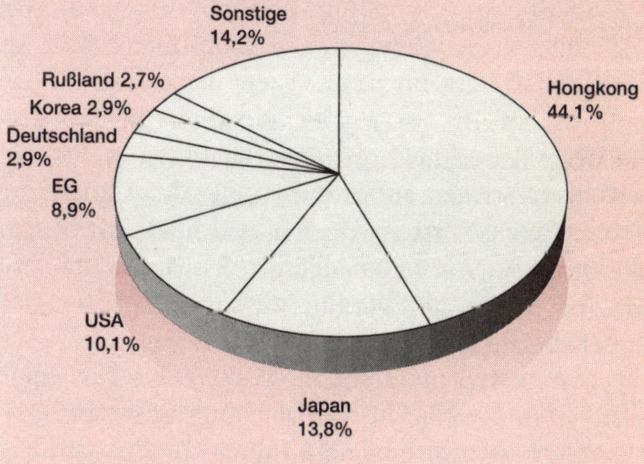

2. Sozialistische Marktwirtschaft

Die Zielsetzung der Reformen Deng Xiaopings bestand in einer sozialistischen Marktwirtschaft – einem Begriff, den 1993 der Nationale Volkskongreß sogar in der Verfassung festschrieb. Die sozialistische Marktwirtschaft beinhaltet vier Hauptmerkmale:

1. Die *Dezentralisierung wirtschaftlicher Entscheidungen* zugunsten der Provinzen bei gleichzeitiger Gesamtplanung durch die Beijinger Zentrale.
2. Ein *Haushalts-Verantwortlichkeitssystem in der Landwirtschaft*, das die Volkskommunen abschaffte, um den Einzelhaushalten und Produktionsgenossenschaften eine Eigenverantwortlichkeit in der Planung und Durchführung zu verleihen.
3. Die *Förderung der Privatwirtschaft* im gewerblichen und industriellen Bereich.
4. Die *Umstrukturierung der Staatsbetriebe* zu mehr Eigenmanagement bei geringerer staatlicher Einflußnahme.

Um ausländisches Kapital ins Land zu holen, schuf man seit 1979 *Sonderwirtschaftszonen* und offene Städte als Experimentierfelder für das Konzept der sozialistischen Marktwirtschaft. In ihnen gelten niedrigere Steuern und besonders gute Bedingungen für ausländische Investoren. Das Konzept scheint aufzugehen, denn die Einrichtung weiterer offener Wirtschaftszonen und Städte ist bereits beschlossen. Auch Hongkong, das 1997 wieder an China zurückfällt, wird neben politischen Sonderrechten den Status einer Sonderwirtschaftszone erhalten.

Seit diesen Reformen erlebt Chinas Wirtschaft einen rasanten Aufschwung. Die durchschnittliche Wachstumsrate betrug in den letzten zehn Jahren 9,7 Prozent. Die öffentliche Infrastruktur (Verkehrswesen, Telekommunikation, Wasser- und Energieversorgung) hat den Rand ihrer Kapazitäten erreicht. Die Umweltverschmutzung nimmt rapide zu. Die Freigabe zahlreicher Preise bei gleichzeitigem Abbau der Preissubventionen für Grundversorgungsgüter führt zu einer rasch wachsenden Inflation. Seit 1980 stiegen die Preise um durchschnittlich 7,1 Prozent. Spitzenwerte lagen bei 20,7 und 16,3 Prozent in den Jahren 1988 und 1989.

Sonderwirtschaftszonen

Die Sonderwirtschaftszonen (SWZ) und offenen Städte sind die Motoren der wirtschaftlichen Entwicklung Chinas. Sie erwirtschaften ein Drittel des gesamten chinesischen Außenhandels. Hier finden chinesische Firmen und ausländische Investoren besonders günstige Bedingungen vor: Unternehmerische Freizügigkeit, niedrigere Steuern, staatliche Investitionsförderung. Die Provinzregierungen können weitere beschließen.
Die SWZ befinden sich alle im Südwesten Chinas, in der Nähe wichtiger Wirtschaftszentren: In Shenzhen (nahe Hongkong), Zhuhai (nahe Macao), Shantou und Xiamen (beide gegenüber Taiwan). Die rohstoffreiche Insel Hainan erhielt den Sonderstatus in ihrer Gesamtheit.
Offene Städte (14) ergänzen diese Gebiete des kapitalistischen Experiments. Sie liegen allesamt an der Küste und verfügen im Gegensatz zu den SWZ über bereits bestehende Infrastrukturen. Dafür bewegen sich die gewährten Vorteile auf einem etwas niedrigeren Niveau. Zuletzt erhielt das an der Peripherie Shanghais gelegene Gebiet Pudong den Status der offenen Wirtschaftszone. Dieser räumt ihm noch freizügigere wirtschaftliche Rahmenbedingungen ein als in den Sonderwirtschaftszonen üblich.

Personalabbau in der Verwaltung, Entlassungen in Staatsbetrieben und die Abwanderung in die Industriezentren führten erstmals auch zu einer offenen Arbeitslosigkeit. Die Rate lag 1992 nach offiziellen Angaben bei 2,3 Prozent. Nach der Aufhebung des staatlichen Monopols für die Arbeitsplatzzuweisung gründete die Regierung Beschäftigungsbüros zur Vermittlung von »auf Arbeit Wartenden« und Berufsanfängern. Im Jahre 1992 vermittelten 13.000 Büros sieben Millionen Stellen. Eine neue Einrichtung bildet auch die Arbeitslosenversicherung, die die Beschäftigungsbüros abwickeln. Betriebe sollen ein Prozent ihrer Lohnsumme in einen Fonds einzahlen, der ein Arbeitslosengeld in Höhe von 50 bis 60 Prozent des letzten Verdienstes auszahlt. Bislang führen aber nur die Staatsbetriebe Mittel an den Fonds ab.

Vor diesem Hintergrund wurde 1993 eine leichte Verschärfung zentralstaatlicher Lenkungsmaßnahmen eingeleitet, die vor allem die Finanzpolitik (höhere Zinsen für Kredite, Verknappung des Geldes) sowie die Investitionspolitik (größere Investitionslenkung durch die Zentrale) betrifft und die zugleich die staatlichen Investitionen in der Landwirtschaft erhöhen soll. Gleichwohl hob man die Wachstumsziele im laufenden Fünfjahresplan von sechs auf acht bis neun Prozent, im Bereich der Industrie sogar von fünf auf zehn Prozent pro Jahr. Nach dem Plan der Regierung soll das Wachstum unaufhaltsam weitergehen.

VII. Anhang

Der chinesische Staat im Überblick

Staatsform:
Sozialistische Volksrepublik

Gründung:
1. Oktober 1949

Verfassung:
Die neue Verfassung von 1982 erklärt »Vier Grundprinzipien« zur politischen Leitlinie: Aufbau des Sozialismus, demokratische Diktatur des Volkes, Führung durch die KPCh, Marxismus-Leninismus und Maozedongideen. Diese Grundlagen wurden am 29. März 1993 durch das Ziel der »sozialistischen Marktwirtschaft« ergänzt.
Vorsitzender des Staates: *Jiang Zemin*
Stellvertretender Vorsitzender: *Rong Yiren*

Legislative:
Oberstes Staatsorgan: *Nationaler Volkskongreß* (NVK)
Der NVK wird für fünf Jahre gewählt. Er tritt einmal jährlich zusammen. Der derzeitige VIII. NVK hat 2.978 Abgeordnete, die von den Volkskongressen der Provinzen gewählt werden. Unter den Abgeordneten befinden sich auch Angehörige der Massenorganisationen (Gewerkschaften, Volksbefreiungsarmee u.a.)
Die laufenden Aufgaben des NVK werden vom Ständigen Ausschuß ausgeführt. Vorsitzender des Ständigen Ausschusses: *Qiao Shi.*

Exekutive:
Regierung: *Staatsrat*
Ministerpräsident: *Li Peng*
Stellvertreter: *Zhu Rongij, Zou Jiahua, Qian Qichen, Li Lanqing*
Generalsekretär: *Luo Gan*
acht Staatskommissare
29 Ministerien
sieben Kommissionen (Planungskommission, Wirtschafts- und Handelskommission, Kommission für die Reform der Wirtschaftsstruktur, Kommission für das Erziehungswesen, Kommission für Wissenschaft und Technik, Kommission für Verteidigungswissenschaft, -technologie und -industrie, Kommission für Nationalitätenangelegenheiten)
Die Aufgabe der Kommissionen besteht in der fachspezifischen Koordination zwischen den Ministerien. Die engere Führungsriege

im Staatsrat setzt sich aus dem Ministerpräsidenten, seinen Stellvertretern, den Staatskommissaren und dem Generalsekretär (Ständiger Rat) zusammen.

Judikative:
Oberstes Volksgericht
Präsident: *Ren Jianxin*
Oberste Volksstaatsanwaltschaft
Generalstaatsanwalt: *Zhang Siqing*
Die westliche Form der Gewaltenteilung existiert in China nicht. Da alle Macht »vom Volk« ausgeht, ist das Oberste Volksgericht dem NVK verantwortlich.

Administrative Gliederung:
Zentralregierung in Beijing
22 Provinzen (mit dem offiziell eingerechneten Taiwan: 23)
fünf autonome Provinzen (Eigenständigkeit vor allem in Nationalitätenfragen)
drei regierungsunmittelbare Städte/Stadtprovinzen (Beijing, Shanghai und Tianjin)
Die Provinzen unterstehen zwar unmittelbar der Zentralregierung, haben aber eine relative Eigenständigkeit. In den Provinzen gibt es ein ähnlich aufgebautes System von Volkskongreß, Gerichtsbarkeit und Regierung wie auf der obersten Staatsebene.

Parteien:
Kommunistische Partei Chinas
Revolutionskomitee der Guomindang Chinas
Chinesische Demokratische Liga
Chinesische Gesellschaft für den Demokratischen Nationalen Aufbau
Chinesische Gesellschaft für die Förderung der Demokratie
Chinesische Demokratische Partei der Bauern und Arbeiter
Zhi-Gong-Dang Chinas
3.-September-Gesellschaft
Demokratische Selbstbestimmungsliga Taiwans
Die Parteien, hervorgegangen aus dem Bürgerkrieg gegen die republikanische Guomindang, sind auf die Verfassung und die Vier Grundprinzipien verpflichtet. Für die Wahlen zu den Volkskongressen bilden die Parteien eine Einheitsliste. Die Führung liegt bei der Kommunistischen Partei.
Wichtige Entscheidungen werden auf den *Politischen Konsultativkonferenzen*, bestehend aus Parteien und Massenorganisationen, vorbereitet.

Weiterführende Literatur

Bauer, Edgar: Wer führt China in die Zukunft? Eine Weltmacht bleibt unberechenbar. München 1994.

Bischoff, Joachim: Staatssozialismus – Marktsozialismus. China als Alternative zum sowjetischen Weg? Hamburg 1993.

Chen Xiaochun: Mission und Kolonialpolitik. Hamburg 1993.

Domes, Jürgen: Politik in China. Beiträge zur Analyse chinesischer Politik. Frankfurt 1992.

Eichhorn, Werner: Die Religionen Chinas. Stuttgart 1973.

FAZ / Ostasiatischer Verein e.V.: Länderanalyse VR China. Frankfurt 1992.

Forke, Alfred: Geschichte der mittelalterlichen chinesischen Philosophie. Berlin ²1964.

Ders.: Geschichte der neueren chinesischen Philosophie. Berlin ²1964.

Franke, Herbert / Trauzettel, Rolf: Das Chinesische Kaiserreich. Frankfurt ⁵1993.

Gernet, Jacques: Die chinesische Welt. Frankfurt 1989.

Grobe-Hagel, Karl: Hinter der großen Mauer. Religionen und Nationalitäten in China. Frankfurt 1991.

Haag, Klaus: Der tausendköpfige Drache. Herrschaftssystem und Protesttraditionen in der Geschichte Chinas und das Massaker in Peking 1989. Berlin 1991.

Hoffmann, Rainer: Der Untergang des konfuzianischen China. Vom Mandschureich zur Volksrepublik. Wiesbaden 1980.

Ikeda, Daisaku: Der chinesische Buddhismus. München 1990.

Krieger, Silke / Trauzettel, Rolf (Hrsg.): Konfuzianismus und die Modernisierung Chinas. Mainz 1990.

Launer, Ekkehard: Zum Beispiel China. Göttingen 1989.

Mao Tse-tung: Ausgewählte Werke. Beijing 1969.

Reichenbach, Thomas: Die Demokratiebewegung in China 1989. Die Mobilisierung durch Studentenorganisationen in Beijing. Hamburg 1994.

Salisbury, Harrison E.: Die neuen Kaiser. China in der Ära Maos und Dengs. Frankfurt 1992.

Schwarz, Ernst: Die Weisheit des alten China. Mythos – Religion – Philosophie – Politik. München 1994.

Statistisches Bundesamt (Hrsg.): Länderbericht Volksrepublik China 1993. Stuttgart 1993.

Weggel, Oskar: China. Zwischen Marx und Konfuzius. München ⁴1994.

Stichwortregister

Verzeichnis der Grafiken